Anonymous

E. E. hochweisen Raths der Stadt Leipzig

Verneuerte und verbesserte Ordnung

Anonymous

E. E. hochweisen Raths der Stadt Leipzig
Verneuerte und verbesserte Ordnung

ISBN/EAN: 9783743499607

Hergestellt in Europa, USA, Kanada, Australien, Japan

Cover: Foto ©ninafisch / pixelio.de

Manufactured and distributed by brebook publishing software (www.brebook.com)

Anonymous

E. E. hochweisen Raths der Stadt Leipzig

E. E. Hochweisen Raths
der Stadt Leipzig
Verneuerte und verbesserte
Ordnung/
Wie es bey besorgenden ansteckenden Seuchen/ da GOTT dergleichen
über diese Stadt verhängen solte/ in einem und dem
andern zu halten/ und wornach sich ein jedweder im
Fall der Noth zu achten/ auch Raths
und Hülffe zu erholen.

Auff sonderbahre gnädigste Fürstl. Verordnung zu Jedermänniglichs Nachricht/ bey jetzigen
gefährlichenLäufften nachgedruckt zu
Lüneburg/
Bey Johann Stern, Im Jahr Christi 1681.

Jr Bürgermeister und Raht der Stadt Leipzig/ fügen hiermit Männiglich zu wissen/ Demnach leider! allzu bekannt/ was gestalt die schädliche Seuche der Pestilentz/ so wohl in entfernt= als ziemlich nahe gelegenen/ und an diese Lande grentzenden Oertern/ dermassen einzureissen angefangen/ daß nicht alleine dadurch eine grosse Anzahl Menschen auffgerieben worden/ sondern auch zu befürchten/ was unseren Nachbarn wiederfahren/ auch uns leicht treffen könne: Daß wir dahero der Nothdurfft zu seyn erachtet/ in Zeiten nöthige Vorsorge zu tragen/ wie vermittelst Göttl. Hülffe/ vor dieser Seuche man sich verwahren/ und auch/ wenn ja Göttliche Allmacht/ nach dero gnädigen Willen/ unserer überhäufften vielen uñ schweren Sünden wegen/ diese Uns anvertraute Stadt mit dergleichen Plagen heimsuchen solte/ die jenigen/ so damit belegt würden/ gebührliche Wartung und Nothdurft haben möchten/ zu dem Ende Wir die vormals publicirten Pest=Ordnungen revidiren/ unterschiedlich verbessern/ und Jedermänniglich zur Wissenschafft zu bringen/ zum öffentlichen Druck befördern lassen. Gleich wie aber ohne Noth zu seyn erachtet wird/ weitläufftig davon zu reden/ woher dieselbe komme/ sondern unläugbar und bekannt/ daß sie von GOtt/ aus des-

A ij

sen

sen gerechten Zorn/ derer grausamen und Himmelschreyenden Sünden halben denen Menschen zugeschicket werde; Also ist hingegen klar und offenbar/ daß die beste præservativ und Cur sey/ wann für Seiner hohen Majestät wir uns kindlich demühtigen/ um gnädige Vergebung unserer Sünden/ auch Väterliche Abwendung dieser und anderer wohlverdienten Straffen/ um Christi willen hertzlich bitten/ uns dieselbe lassen reu und leid seyn/ in wahrem Glauben an das Verdienst Christi halten/ und dann auch ein bessers und Gottwolgefälliges Leben anzustellen/ nicht alleine festiglich vornehmen/ sondern auch/ durch Hülffe und Beystand GOttes des heiligen Geistes/ der Ausübung desselben befleissigen. Wollen derowegen hiermit alle und jede unsere liebe Bürgere und Einwohnere dieser Stadt hierzu und zu Erkänntniß ihrer Sünde/ wahrer Busse und Bekehrung zu GOtt/ auch einem andächtigen und embsigen Gebet/ ernstlich ermahnet/ und sie dahin/ als zu der besten Artzney/ anfänglich verwiesen haben.

Nechst diesem/ und weiln gleichwol auch der Allmächtige GOtt Ihme nicht mißfallen läßt/ sondern vielmehr befihler/ und haben will/ daß man solche seine Straffe darbey in gute Acht nehme/ und die jenigen Mittel brauche/ welche Er hierzu verordnet/

Als soll ein jeder Bürger und Einwohner dieser Stadt und deren Vorstädten ermahnet seyn/ wann über Verhoffen Federn/ Betten/ Kleider/ Rauch-Leder/ Hanff/ Unschelt/ Flachs und dergleichen/ entweder von Juden/ oder auch sonst von andern/ welche einigen Verdacht auff sich haben/ daß sie von inficirten und dergleichen Orten dieselbe bekommen/ heimlichen in die Stadt und Vorstädte solten gebracht werden/ dasselbige nicht alleine nicht anzunehmen/ noch zu

ver=

verneuerte Pest-Ordnung.

verwahren/ oder zu kauffen und zu gebrauchen/ sondern auch solches/ seiner Pflicht und Schuldigkeit nach/ alsobald gebührend zu offenbaren/ und uns so fort anzuzeigen.

Ingleichen sollen sie bey ihren Gesinde es dahin richten/ daß in ihren Häusern/ so wohl Stuben und Kammern/ als auch sonsten allenthalben für denen Hauß-Thüren/ und in den Abzuchten/ alles reinlich zusammen gekehret/ dem Nachbar nicht das Kehricht für seine Thüre geschüttet/ sondern/ weil dadurch leichtlich die Lufft verunreiniget werden kan/ bey Vermeidung unnachläſſiger Straffe/ solches/ sofort es aus dem Hause kömmt/ oder vor den Thüren zusammen gebracht ist/ insonderheit/ wo todte Hunde und Katzen/ oder allerhand von abgeschlachteten Hünern/ Gänsen/ Endten/ Tauben herrührendes Unwesen/ dann ferner alte Lumpen/ Hadern und dergleichen/ darunter zu befinden/ für die Thore/ nicht zwar ohne Unterschied an alte Oerter/ und absonderlich alsobald vor dieselben an die Stadt-Gräben/ Fahrwege und Straſſen/ sondern auff die darzu verordnete Orte und Lappenberge/ welche durch Auffrichtung sonderlicher Stangen und anderer Bemercke darzu benennet/ getragen und geschaffet werde. Welches um so viel mehr die jenigen in Acht nehmen sollen/ derer Häuser/ der infection wegen/ geschlossen/ und nach Verfliessung der gewöhnlichen Zeit wieder geöffnet und gereiniget werden/ wie wir dann die Kärner und andere/ so dergleichen Unflath aus der Stadt zu führen pflegen/ dahin und desselben nirgends anderswohin/ als auff die Lappenberge/ zu führen ernstlich verwiesen haben wollen.

Ferner soll sich ein jedweder nebenst denen Seinigen alles Ausgiessens des Urins und andern Unflats/ insonderheit wo Krancke und schon inficirte zu befinden/ bey hoher Straffe enthalten.

Keiner soll sich weder in noch vor der Stadt unterfangen/einige Leute/ohne unser Vorwissen und Einwilligung/ vielweniger aber dergleichen/ so von denen Orten kommen/ da diese gifftige Seuche regieret/ sie seynd ihn gleich befreundet oder nicht/wie auch Bettler und ander herum vagirendes Gesinde zu beherbergen. Welcher aber darwider handelt/ der soll/es sey gleich daraus durch Gottes Verhängniß einige Ungelegenheit entstanden oder nicht/ mit Einziehung des Bürger-Rechts und sonsten ernstlich gestraffet werden.

Wer von Frembden sich heimlich in die Stadt einschleichet/ er sey her/wo er wolle/ soll gewärtig seyn/wie er nicht alleine zur Stadt wieder hinaus geschaffet/ sondern auch hierüber zur gebührenden Straffe gezogen werde.

Hiernechst/ und weilen auch zur præservation dienen wil/daß so wohl auff die Lufft/und deren Reinigung gedacht werde/als auch daß ein jedweder äusserlich und innerlich mit den jenigen Medicamenten sich versehe/ welche hierzu nöhtig seyn möchten: So haben Wir zu dem Ende ein gewisses Consilium Medicum mit angehängten Medicamenten/ von unserm Herrn Stadt-Physico, mit Approbation der gantzen löblichen Medicinischen Facultät/auch anderer allhier sich befindenden Herren Practicorum stellen/öffentlich drucken/und dieser Unserer Ordnung beyfügen lassen/ damit ein jeder sich derselben bey Zeiten gebrauchen/und seiner Gesundheit selbsten wahrnehmen könne: Inmassen Wir dann auch einen jeden Hauß-Vater hiermit treulich vermahnet haben wollen/ daß er sich und die Seinigen nicht allein mit Geträidig und andern Lebens-Mitteln/ zum wenigsten auff ein Jahr lang/sondern auch solchem Consilio nach/ und sonsten mit nothwendiger Artzney/ zur præservation und Schützung wider solche Seuche in Zeiten versorge/ und derselben gebrauche/zu dem Ende die Anstalt in denen Apothecken gemachet

machet worden/ daß beydes vor Reiche und Wohlhabende/ als auch vor Hauß-Arme und unvermögende Leute/ nothwendige Medicamenta parat gehalten werden sollen/ welche ein jeder/ um ein gar geringes Geld/ nach der vorgeschriebenen Taxa schaffen und kauffen könne. Wolte nun aber der Allmächtige GOtt/ nach seinem Väterlichen allein weisen Rath und Willen/ auch/ gleich unsern Nachbarn geschehen/ über solche Vorsichtigkeit/ diese liebe Stadt mit der Seuche der Pestilentz heimsuchen/ So haben Wir noch weiter gesorget/ und in Nachfolgenden verordnet/ wie der jenige/ welcher davon inficiret werden solte/ mit gebührender Wartung und anderer Nothdurfft versehen werde. Dabey Wir aber zuförderst befunden/ wie in vorigen Zeiten nicht wenig Leute dadurch in Gefahr gerathen/ und sich selbst nicht allein darmit angestecket/ sondern auch ihrem Nechsten es zugetragen/ daß der gemeine Mann/ auch manches sonst fleissigen Hauß-Vaters Dienst-Gesinde/ sonderlich das müssige Weiber- und Mägde-Volck/ auch Handwercks- und andere Jungen/ wenn sie entweder für sich selbst rumb lauffen/ oder auch von ihren Dienst-Herren/ zu Verrichtung ihrer Hauß-Geschäffte ausgeschicket werden/ zu den Leichen auff den Gottes-Acker/ so dahin gebracht/ und bey den Gräbern niedergesetzet werden/ gehen/ um dieselben/ ob sie gleich an der Seuche verstorben/ wie auch die jenigen Personen/ so dergleichen Leichnam tragen/ und ihres Ammts halber fast täglich an inficirten Orten aus- und eingehen müssen/ herum treten/ und dadurch sich muthwillig diese Seuche an den Hals bringen/ auch ihren Nechsten hernacher damit anstecken. Wollen derowegen männiglichen/ der Ammts halber darzu nicht gehöret/ alles Ernsts hiermit aufferleget/ und geboten haben/ sich dergleichen Zulauffens zu denen Leichen und Gräbern gäntzlich zu enthalten/ denn im widrigen Fall

die

die Anordnung geschehen soll/ die Ubertreter zu greiffen/ und ein solch Exempel an ihnen zu statuiren/ daß Andere daran sich zu stossen Ursach nehmen können.
Nach diesem so soll

Erstlichen
Ein Pastor Pestilentialis.

DAmit die Leute zuförderst mit der Seelsorge (welches das nothwendigste ist) versehen seyn mögen/ in der Stadt und Ringmauer bestellet und angenommen/ auch gebührend vociret werden/ damit die Herren Geistlichen allhier/ so viel zu geschehen müglich/ inficirte Personen zu besuchen verschonet/ und gesunde Leute sich daher der Kirchen und des Beichtstuhls zu enthalten/ und die Kirchen-Diener zu scheuen/ nicht Ursach haben/ welches Ammt seyn soll/ sich der krancken und nothleidenden Patienten mit allen treuen Fleiß anzunehmen/ auch dieselbigen mit rechtem Gebrauch und Ausspendung der hochwürdigen Sacramenten/ der heiligen Tauffe/ und des hochwürdigen Abendmals/ so wohl mit treuhertzigen Ermahnen und kräfftigen Trost aus GOttes Wort/ nach denen Prophetischen und Apostolischen Schrifften / und der reinen seligmachenden Lehre GOttes / wie solche in der ungeenderten Augspurgischen Confession und andern Libris Symbolicis enthalten/ nach Gelegenheit eines jeden Patienten Zustandes und Erfoderung/ treulich versehen/ und sich in solchem Amt und Beruff unverdrossen erfinden lassen.

Zum

Zum Andern.
Von dem Medico Pestilentiali.

DJe curam des Leibes anlangend/ und damit die Patienten dieselbe haben mögen/ so ist ein gewisser Medicus Pestilentialis verordnet worden/ dessen Ammt und Verrichtung darauff beruhen soll:

1. Daß sich derselbe an den ihm angewiesenen Orte jedesmahl finden lasse/

2. Dem Pestilential-Barbier/ wie auch denen Leichenschreibern/ und denen Leuten/ so aus denen verschlossenen inficirten Häusern/ ihme/ der Patienten halber/ von der operation der Artzney/ und sonsten ihrem Zustande/ relation und Nachricht erstatten wollen/ gnugsames Gehör gebe/

3. Auch/ nach Befindung eines jeden Patienten Beschaffenheit/ und sich darbey ereignender Umstände/ das jenige/ was so wol an Artzney/ als zu der Diæt erfordert wird/ treu und fleissig verordne/ ihnen auch zugleich den rechtmässigen Gebrauch der Artzney deutlich und umständlich einbilde und zu erkennen gebe: Uber diß auch

4. Und wenn er begehret wird/ oder die Noth erfordert/ einen oder den andern Patienten selbst besuche/ und sich ihres Zustandes erkundige: Wie nicht weniger

5. Seinen Rath und Hülffe auch ausser der Zeit/ und wenn zumal Noth vorhanden/ niemand weder in noch ausser der Stadt versage: sondern sich/ in diesen seinem Beruff und Ammte/ allenthalben fleissig und sorgsam erweise/ Immassen denn unser verordneter Herr Stadt-Physicus ihme dißfalls mit guter instruction an die Hand gehen/ und an seinem treu-fleissigen Beyrath nichts erwinden lassen wird.

Drittens.

Von dem Chirurgo Pestilentiali.

SO soll ein gewisser Chirurgus Pestilentialis bestellet werden/ welcher nicht allein jedermänniglich in der Stadt/ und wer ihn begehret/ zu Tag und Nacht zu bedienen schuldig seyn soll; sondern er ist auch verbunden/ nebenst der gantzen Innung der Barbierer und Wund-Aertzte allhier/ bey dergleichen gefährlichen Läufften/ jederzeit zum wenigsten zwey verständige und geschickte Alt-Gesellen zu verschaffen/ welche/ nebenst ihm/ so offt/ und wohin sie zu inficirten Patienten/ gefordert werden möchten/ alsofort folgen / und ihrer Treue/ Ammts und Schuldigkeit/ also wahrnehmen sollen/ wie sie es gegen GOtt/ und ihre Pflicht/ so sie zu dem Ende/ auff Unserm Rathhause allhier/ ablegen sollen / verantworten können.

Die übrigen Barbierer aber/ werden hiermit ernstlich ermahnet/ daß auch sie/ ihres Orts/ und wenn sie gleich nicht an alle inficirte Oerter/ wohin sie begehret werden möchten/ gehen wolten / dennoch/ in dergleichen allgemeinen Noth/ nichts unterlassen mögen/ worzu ihr Ammt/ und Christliche Gewissen sie verbindet.

Des Chirurgi Pestilentialis Ammt aber bestehet vornemlich darinne/ daß er/ und seine/ ihm zugeordnete Gesellen

1. So bald ein oder der andere zu einem inficirten Patienten in der Stadt gefordert wird/ er ungesäumt kommen soll/ damit durch sein Verzögern oder Ausbleiben/ niemand versäumet werden möge.

2. Gegen den Medicum Pestilentialem soll er sich Ehrerbietig/ und in seinen Verordnungen gehorsam; gegen die

verneuerte Peſt-Ordnung.

Patienten aber mitleidlich / freundlich und beſcheidentlich erweiſen.

3. Soll er denen armen ſo wohl / als denen reichen Patienten / mit aller möglichſter Hülffe beyſpringen.

4. Auch / und da ſich einiger Patient / nach erlangter Geſundheit mit ihme abfinden wolte / ſoll er niemanden überſetzen: ſondern zumahl bey Leuten / da kein Uberfluß vorhanden / Chriſtliche Maſſe und Billigkeit halten.

5. Soll Er / bey Beſuchung ſeiner inficirten Patienten ſein ſonderliches Binde-Zeug bey ſich führen. Uninficirter und reiner Orte aber ſich gäntzlich enthalten.

6. Soll er ſich auch in ſeinen Curen / bey inficirten Perſonen / inſonderheit derer jenigen Pflaſter / Salben / und anderer Artzneyen / welche von der löbl. Mediciniſchen Facultät / und dem Hn. Stadt-Phyſico, vor gut und nützlich befunden worden / zu bedienen haben.

Zum Vierdten.

Von denen Leuten / ſo die inficirten Häuſer verſchlieſſen.

Wann nach dem gnädigen Rath und Willen GOTTES ein Hauß / es ſey in- oder auſſerhalb der Ring-Maur / und alſo in der Stadt oder Vorſtädten / mit ſolcher Seuche angegriffen würde / Soll daſſelbe alſobald / ſamt denen Perſonen / ſo darinnen wohnhafft ſind / woferne ſie ſich nicht daraus wenden / und an andere Orte begeben wollen / zugeſchloſſen / und mit einem Mahl-Schloß verwahret werden / damit die / in dem inficirten Hauſe wohnende Perſonen / nicht ausgehen / und andere Leute / durch Erſchreckniß oder in andere Wege / anſtecken.

Zu solchem Verschliessen sollen von Uns/ dem Rathe/ sonderliche Personen angenommen werden/ daß sie

1. Die Häuser/ so mit der Pest inficiret/ so bald es von Uns/ dem Rathe/ angeordnet/ und durch unsern Ober-Leichenschreiber befohlen wird/ mit Fleiß/ und zwar die Unter-Thür des Hauses/ wie es sich am besten schicken möchte/ verschliessen und verwahren/ auch alle Tage zweymal/ neinlich des Morgens und Abends/ fleissig herum gehen/ und darnach sehen/ daß die Häuser verschlossen seyn und bleiben.

2. Wann der Schliesser finden wird/ daß jemand das Schloß abgeschlagen/ und also ehe/ denn ihm das Hauß wieder eröffnet/ sich des Aus- und Eingehens gebrauchet/ soll er es alsobald denen Personen/ so für die Häuser/ denen Leuten zuzutragen/ verordnet/ anmelden/ welche es auffs förderlichste dem jedesmal verordneten Leichenschreiber berichten: Derselbe aber es ferner an den Ober-Leichenschreiber bringen soll/ damit es Unsern hierzu Deputirten vorgetragen werden/ und mit fernerer Verschliessung/ oder auch sonst nach Befindung/ anderer Straffe Verordnung geschehen könne.

3. Sollen sie denen jenigen/ so in selbiger Nachbarschafft die verschlossenen inficirten Häuser zu bedienen/ und denen Krancken und Gesunden ihre Bedürffniß täglich zuzutragen haben/ es zu rechter Zeit andeuten/ damit kein inficirt Hauß übersehen/ und unversorget gelassen werde.

4. Sollen sie von denen/ in inficirten Häusern verschlossenen Gesunden/ täglich fleissig Erkundigung einziehen/ ob die jenigen/ so ihnen ihre Bedürffniß zuzubringen verordnet/ sich fleissig erweisen? Deßgleichen/ ob auch mit dem jenigen/ was sie an Geld solchen Leuten/ ihnen dafür ihre Nothdurfft zu kauffen/ geben/ treulich umgegangen/ sie von ihnen fleissig besuchet/ und was sie nothwendig bedürffen/ befraget werden?

verneuerte Pest-Ordnung.

werden? oder ob sie sonsten über dieselben einige Klage haben?

5. Sollen sie/ zu der jenigen Zeit und Stunde/ wenn entweder der Pestilential-Barbier zu verbinden/ oder der Hr. Pfarherr/ oder der Hr. Medicus, die Patienten zu besuchen kommen wollen/ præcisè und augenblicklich an der hand/ und die inficirten Häuser zu öffnen/ parat seyn/ welche/ jedoch hernach auffs beste/ wieder verschlossen werden müssen.

6. Sollen sie auch alles/ was sie sehen/ oder erfahren/ so/ bey diesen gefährlichen Läufften/ allgemeiner Stadt zu Schaden oder guten/ gedeyen könte/ dem Ober-Leichenschreiber/ zu rechter Zeit/ anmelden/ und von Uns darüber gebührender Verordnung gewärtig seyn.

7. Sollen sie sich auch wohl in Acht nehmen/ daß/ ohne Unsere/ durch den Ober-Leichenschreiber/ an sie gethane ausdrückliche Verordnung/ von ihnen kein inficirt gewesenes Hauß frey gemachet/ und geöffnet werden möge.

Zum Fünfften.

Von denen Leuten/ so denen/ in inficirten und geschlossenen Häusern/ befindlichen Krancken und Gesunden/ was sie bedürffen/ und sonst begehren/ täglich zubringen.

Damit aber auch solche verschlossene und hochbeträngte Leute/ beydes Gesunde und Krancke/ mit nothdürfftiger Artzney zur Cura und auch Præservation, wie nicht weniger mit Essen und Trincken/ nach Nothdurfft versehen werden mögen; So wollen Wir/ gleichfalls hierzu gewisse Personen/ so viel deren/ nach Gelegenheit der Läuffte/

B iij die

die Nothdurfft erfordern/ und genug seyn werden/ verordnen und besolden/ welche sich

1. Miteinander vergleichen sollen/ für wie viel/ und was für Häuser ein jeder gehen/ und zutragen/ auch mehr nicht auff sich nehmen soll/ als er/ seinem Gewissen und Vermögen nach/ verrichten und bestreiten kan. Da sie sich aber derowegen mit einander nicht vergleichen könten/ wollen Wir solches selbsten zu determiniren wissen.

2. Soll ein jedweder bey anbrechenden Tage von einem Hause/ so ihme anbefohlen/ zu dem andern gehen/ zuforderst Erkundigung einziehen/ was die Nacht über/ vorgangen? Wie sich der Patient befinde? Wie viel Personen in einem jeden verschlossenen Hause? Wer sie seynd? und ob diese Nacht jemands gestorben? oder von neuen/ und wieviel darinnen kranck oder gesund? Welches alles sie mit Fleiß auffzeichnen/ und so balde dem verordneten Leichenschreiber berichten sollen/ damit es derselbe anderweit an die Personen/ an welche er gewiesen/ schrifftlichen bringen/ und die darzu Deputirte zeitlichen Bericht haben können/ wie es mit den inficirten Häusern / und darinn verschlossenen Personen/ bewand/ und/ nach Gelegenheit/ Anordnung geschehen möge.

3. Sollen sie sich erkundigen: Ob die inficirten Patienten mit Artzney versehen/ oder den Pestilential-Medicum, Barbierer/ oder Pfarrherren begehren?

4. Soll ein jedweder ferner fleissig fragen/ was die in denen inficirten Häusern verschlossene Leute an Artzney Victualien/ Speiß und Tranck/ und andern nöhtigen Bedürffniß/ begehren und haben wollen? Welches sie dann alsobald und ungesäumt an die hand schaffen/ es ihnen zubringen/ und mit dem Gelde/ wie auch sonst in allen Dingen/ getreu und redlich umgehen sollen.

5. Soll

5. Soll auch dergleichen Nachfrage und Besuchung/ um den Mittag/ wie nicht weniger gegen den Abend/ und also des Tages ordentlich dreymahl geschehen.

6. Soll sich auch zwischen dieser Zeit ein jedweder um die inficirten Häuser/ über welche er bestellet/ zuweilen sehen lassen/ damit/ wenn die armen Verschlossenen eine jählinge Noth betreffen möchte/ sie zugegen seyn/ und/ so viel möglich/ Hülffe schaffen mögen.

7. Da unter den Verschlossenen sich ein und der andere Krancke oder Gesunde befünde/ welcher über die in den Apothecken/ von denen Medicis zur Cur und præservation angeordnete Artzneyen/ eines und des andern Zufalls halben/ des Medici Rath und Bedencken bedürffte/ sollen sie solches dem verordneten Leichenschreiber mit allen Umständen/ derer sie sich von den Patienten erkundigen werden/ anmelden/ welcher dasselbe denen verordneten Medicis anderweit umständlich anzeigen soll.

8. Soll keine von diesen zutragenden Personen/ ihrem Gefallen nach/ unter denen Leuten/ auff dem Marckt/ und an andern Orten/ sonderlich da sie nichts zu schaffen und zu verrichten/ herum lauffen/ auch die Bescheidenheit brauchen/ wenn sie für die verschlossene Leute was einkauffen/ daß sie sich nicht unnöhtiger Weise unter andere Leute dringen.

9. Soll keiner kein Gefässe oder des etwas wie es Namen haben mag/ worinnen er Speise/ Tranck/ oder sonst andere Bedürffniß/ in die inficirte Häuser träget/ aus denenselben nehmen/ sondern solches alles in seinen eigenen/ reinen und saubern Gefässen/ vor die inficirte Häuser tragen/ auch dieselben/ zu Verhütung einiger Gefahr/ wieder mit zurück nehmen.

10. Soll ein jedweder alles/ was sonderlich vorgehet/ wohl mercken/ und solches dem Ober-Leichenschreiber hinter-

terbringen/ damit wir allenthalben gute Nachricht haben mögen.

Zum Sechsten.

Vom Ober-Leichenschreiber.

Nachdem auch sonst von Uns/ dem Rathe allhier/ ein Ober-Leichenschreiber gehalten wird: So soll derselbe/ nebenst andren seinen Ammts-Verrichtungen/ bey dergleichen kümmerlichen Zeiten/ auch nachfolgends zu Wercke stellen:

1. Soll er ein richtig Verzeichniß halten über alle die jenigen Weiber/ und andere Leute/ so sich/ wegen Geniessung deß monatlichen Allmosens/ oder sonst in inficirten Häusern/ Patienten zu warten/ versprochen haben/ damit er/ auf Begehren ehrlicher Leute und unsere beschehene Verordnung/ solche/ durch die Unter-Leichenschreiber/ an die Hand/ und in die beniembte Häuser schaffen könne/ zu welchem Ende er dann ihre Namen/ und wo sich eine jedwede auffhält/ genaue wissen/ und auffschreiben soll.

2. Hat er die andern/ von uns verordneten Unter-Leichenschreiber unter sich/ und in unserem Namen/ einem jedweden/ was er thun und verrichten soll/ anzubefehlen: Er selber aber hat in inficirten Häusern/ oder mit dergleichen Personen/ nichts zu schaffen/

3. Aber auff die Unter-Leichenschreiber/ und daß ein jedweder unter ihnen/ das/ was ihm befohlen ist/ auffs treulichste verrichten möge/ fleissig Acht zu haben.

4. Soll er Verordnung thun/ daß mit denen Todten-Bahren vorsichtig umgegangen/ und keine/ so bey inficirten gebrauchet worden/ bey reinen/ und nicht-inficirten/ auch ge=

verneuerte Pest-Ordnung.

gebrauchet/ und also auch dißfalls aller Furcht und Gefahr vorgebauet werden möge.

5. Hat er alle Sonnabende von Uns die Besoldung und den Lohn/ vor die Bedienten/ zu empfangen/ und denselben/ durch die Unter-Leichenschreiber / auszutheilen/ hierüber auch von ihnen den Montag darauff Rechnung zu fordern/ und solche fleissigst einzutragen.

Zum Siebenden.
Von Unter-Leichenschreibern.

SOllen wir unterschiedliche Unter-Leichenschreiber halten/ deren Amnt seyn soll:

1. Daß sie täglich so wohl Morgens/ und Mittags als Abends eine Stunde vor Thorschlusse/ von denen jenigen Leuten/ so die inficirten Häuser zu verschliessen/ und denen Verschlossenen ihre Bedürffniß zuzubringen pflegen/ fleissig forschen und vernehmen: Ob neue Häuser inficirt? Item: Wie viel in jedem Hause inficirte Personen/ und wer sie seynd? wie es mit ihnen bewandt? Ingleichen: Ob jemand/ und wer gestorben? Damit die Beerdigung/ so bald müglich/ erfolgen könne rc. Deßgleichen: Was die verschlossenen Leute an Artzney und anderer Nothdurfft bedürfftig. Was eines oder des andern Zufall und Leibes-Beschwerung? oder was sonst dießfalls vorgegangen? Solches alles fleissig zu Papier bringen / und dem Ober-Leichenschreiber ungesäumbt übergeben/ daß es derselbe auffs Neue wieder umbschreibe/ und solcher umbständliche Bericht unserm Deputirten alle Tage zweymahl zugestellet werde/ damit gebührende Verordnung darauff erfolgen/ keiner aber/ vor sich/ das geringste/ so ihm nicht befohlen/ vornehmen möge.

C

2. Sollen sie des Tages über sich zum öfftern/ und so viel sie Zeit haben/ vor dem Rath-Hause/ an einem/ ihnen angewiesenen Orte/ finden lassen/ damit zum wenigsten einer von ihnen allezeit an der Hand und zugebrauchen seyn möge.

3. Sollen sie alles/ was in unserm Nahmen von dem Ober-Leichenschreiber angeordnet und befohlen wird/ denen inficirten Patienten zu gute/ auff das hurtigste und fleissigste verrichten/ und deßwegen gründlichen und nöhtigen Bericht erstatten.

4. Soll einer von ihnen täglich/ und wenn er zumahl sonst zu nichts wichtigen gebraucht wird/ an dem Orte da unsere Deputirte zusammen kommen werden/ auffwarten/ umb zu vernehmen/ ob man seiner benöhtiget wäre?

5. Sollen sie dem Pestilential-Medico, an dem darzu beniembten Orte/ täglich zu gewisser Zeit/ auch wann es die Noth erfodert/ ausser der ordentlichen Zeit/ den Zustand der Patienten umbständlich berichten/ damit niemahls einige Zeit zur Hülffe verabsäumet werden möge.

6. Sollen sie die verordneten Artzneyen unverzüglich aus der Apothecke holen/ solche denen andern Leuten/ so die Auffwartung vor denen verschlossenen inficirten Häusern haben/ nebenst des Medici ausführlichen Berichte/ wenn und wie eine jedwede Artzney zugebrauchen/ zustellen/ damit sie/ ein jeder seines Orts/ dieselben vor die Häuser tragen/ und denen Patienten/ vor welche sie verordnet/ überbringen mögen.

7. Sollen sie des Nachts über in ihren Häusern/ und daheime bleiben/ damit/ wenn etwas vorfällt/ sie jederzeit an dieser Orten einem anzutreffen. Wenn sie aber/ im Fall der tringendē Noth/ auch des Nachts gefordert werdē/ es sey von dem Pestilential-Medico, oder wer sonst zu Bedienung der inficirten

verneuerte Pest-Ordnung.

ten Patienten gehöret/ sollen sie alsofort erscheinen/ und alles thun und verrichten/ was ihnen/ denen nothleidenden Patienten zu gute/ anbefohlen wird; darvon aber/ bey angehenden Tage/ dem Ober-Leichenschreiber ausführliche Nachricht erstatten.

8. Sollen sie denen Bedienten/ welche bey diesen gefährlichen Läufften ihre gewisse Aempter und Verrichtungē haben/ alle Sonnabende ihr verdientes Lohn/ wie solches einem jedweden zugestellet wird/ reichen und auszahlen; sich aber hierbey redlich und treu erweisen/ und Uns zu unnachlässiger Straffe der Untreue nicht Ursache geben.

9. Sollen sie auch fleissige Auffsicht haben/ daß/ wenn inficirt- und verschlossen-gewesene Häuser wieder vor rein und frey gesprochen/ und geöffnet werden/ dieselben vor allen Dingen wohl gereiniget/ gesaubert/ ausgeräuchert auch das Kehricht und andere Unlust/ nicht vor die Thüre/ und auff öffentliche Gasse geschüttet/ sondern vor die weitesten Thore geschaffet und geführet werde.

10. Würden auch die Leichenschreiber/ daß sich/ dieser Läuffte halber/ an einem oder dem andern Ort etwas neues ereignete/ oder sonst etwas derwegen vorfiele/ erfahren/ solten sie es alsobald/ oberzehlter massen/ an unsere Deputirten/ oder Uns/ den Rath/ bringen/ und darauff Befehl erwarten; vor sich aber/ ihrem Gefallen nach/ nicht anordnen/ es sey mit Besichtigung/ Verschließ- oder Auffsperrung der Häuser/ Verschaffung der Leute ins Lazareth/ oder was sonsten dergleichen seyn mag/ und sich darinnen weder mit Geld noch Gunst oder Gabe/ von den Leuten bestechen und einnehmen lassen/ vielweniger derowegen etwas/ so in diesen Läufften zu wissen nothwendig/ vertuschen und verschweigen helffen.

C ij   Zum

Zum Achten.

Von denen Wärterin.

Damit auch die inficirten Patienten/an nothwendiger und gebührender Pflege und Wartung/wohl versehen werden/und keinen Mangel leiden mögen; So haben Wir die nachdrückliche Verfügung gethan/daß unter denen armen Weibern/ welche von uns das wöchentliche Allmosen bekommen/sich die jenigen/so Alters/und ihres eigenen Zustandes halben/ darzu geschickt/ zu Wärterinnen bestellen/und in allen denen inficirten Häusern und Oertern/ wohin wir sie/ durch Unsern Ober-Leichenschreiber/ zu gehen befehlichen werden / zur Wartung der Patienten gebrauchen lassen sollen.

Vor welche ihre Mühe und Fleiß sie nicht allein ihr wöchentliches Allmosen / und zwart die Zeit ihrer Wartung/ von Uns doppelt; sondern auch von denen Patienten/ so es zu bezahlen haben/ nebenst dem gebührenden Unterhalt / ihre danckbarliche Belohnung haben/ auch noch hierüber / wenn das Unglück vorbey/ und sie sich sonderlich treu und fleissig erwiesen / mit einem wöchentlichen Zusatz/ und Vermehrung des Allmosens / versehen werden sollen. Welcher nun nicht selbsten zu einer Wärterin zuvor allbereit rath geschafft/ oder nochmals/ in andere Wege sich zu helffen weiß/ und von dergleichen jemands verlanget/ der soll bey den Ober-Leichenschreiber sich anmelden/ und von demselben einer gewärtig seyn.

Ihr Ammt und Verrichtung aber beruhet vornehmlich darauff:

1. Sol-

verneuerte Pest-Ordnung.

1. Sollen sie/ so bald sie/ in Unserm Nahmen/ durch einen Unterleichenschreiber/ in ein inficirtes Hauß zur Wartung zu gehen/ befehlichet werden/ alsobald und unverzüglich folgen/ und/ auffn wiedrigen Fall/ zu nachdrücklicher harten Verordnung keine Ursache geben.

2. Sollen sie Morgens/ Mittags/ und Abends / auch wenn es sonst die Nothdurfft erfordern möchte/ mit ihren Patienten fleissig beten/ singen/ und ihnen vorlesen/ auch insonderheit bey vermerckter Gefahr/ sie der Busse/ Beichte/ und Communion/ bey Zeit fleissig erinnern/ auch/ zu solchem Ende/ den Pestilential Pfarrherrn vermittelst obberührter hierzu verordneter Personen zu beruffen/ nicht säumig seyn.

3. Sollen sie denen jenigen/ so ihren Patienten ihre Bedürffniß täglich zutragen/ so wol des gantzen Hauses/ als zuförderst der Patienten/ Zustand/ und wie sie sich befinden/ gründlich erzehlen/ und was sie vor Krancke und Gesunde bedürffen/ nahmhafft machen.

4. Sollen sie die/ von dem Medico verschriebene/ und ihnen zugebrachte Artzneyen ihren Patienten eingeben/ und brauchen lassen/ wie sie verordnet/ vor sich aber dißfals/ wie auch sonst nichts zu ändern/ vielweniger aber selbst etwas zu künsteln/ sich unterstehen.

5. Sollen sie ihren Patienten auch ihre Speise und Tranck ordentlich/ und wie es ihren Zustande am zuträglichsten/ oder von dem Medico, oder Barbierer/ vor gut befunden ist/ willig reichen/ auch sich dißfals/ und sonst in allen Dingen/ gegen sie willfährig/ freundlich/ wachsam/ und dienstfertig erweisen.

6. Sollen sie der inficirten Patienten Betten/ Stuben und Kammern/ reinlich und sauber halten/ und in denenselben/

ben/wie auch in der gesunden Logiamentern/des Tages zum offtern fleissig räuchern/ solches auch/ wenn jemand von denen verordneten Raths-Dienern / oder jemand anders / an die Hauß-Thür kömmt/ inwendig im Hause zu thun/ nicht vergessen.

7. Dafern auch ein Patient verstirbet/ sollen sie solches/ durch die Bedienten/ dem Ober Leichenschreiber alsobald anmelden lassen/ damit zu Beschickung und Beerdigung der Leiche geschwinde Anstalt gemachet werden könne. Sie aber ihres Orts sollen sich/ auff solche Todes-Fälle/ in denen inficirten Häusern/ in allen Dingen/ treu und ehrlich erweisen/ und alles Haussuchens/ beyseit steckens/ und stehlens/ bey Vermeidung unser unnachläßlichen Straffe enthalten.

8. Dieweil auch/ nach auffgehörten beschwerlichen Läufften/ niemand gerne sobalde solche Persone/ auffnimbt/ so in solcher Zeit die Krancken gewartet/ Als sollen alsodann die jenigen/ so sich fleissig erzeiget/ indem von uns erbauten Wärter-Häußlein/ oder sonsten nach Gelegenheit/ eine Zeitlang mit Wohnung versehen werden/ damit auff eine andere Zeit sie und andere / sich desto williger mögen gebrauchen lassen/ und sie im Werck zu spühren/ daß wir die Personen so sich in solchen Läufften treu und fleissig erzeiget/ nicht zuverstoßen/ sondern vielmehr Förderung und alles gutes ihnen zu beweisen gemeinet seyn.

Zum Neundten.

Die vor denen Thoren und in Vorstädten befindlichen Bürger und Einwohner betreffend.

Damit auch die Bürger und Einwohner in denen Vorstädten allhier sich nicht etwan beschweren möchten/ daß sie bey dergleichen gefährlichen Seuchen/ ohne alle

verneuerte Pest-Ordnung.

alle Ordnungen und Anstalt gelassen worden wären/ zumal da sie bey Abends= und nächtlicher Zeit aller nöhtigen und eilfertigen Hülffe aus der Stadt beraubet/ So haben wir aus treuer Obrigkeitlicher Vorsorge uns dahin entschlossen/ gleichfalls eine gewisse/ hierzu qvalificirte, Person zum

Pestilential-Pfarz-Herrn

Ins Lazareth zu verordnen/ welche sich nach dem jenigen/ was droben von dem Pestilential-Pfarzherrn in der Stadt angeführet/ in allen zurichten/ auch seines Amts und Pflicht getreulich also wahr zu nehmen/ wie er vor GOtt und Menschen darvon Rechenschafft zu geben getrauet. Könte auch durch selbigen nicht alles bestritten werden/ wollen wir/ nach befinden/ noch zu einem andern Anstalt zu machen gebührende Sorge haben. Ferner ein

Pestilential-Barbier/

Dessen Ambt und Verrichtung auff eben dem jenigen/ was droben denen Pestilential-Barbierern in der Stadt vorgeschrieben und anbefohlen worden/ beruhen soll/ zu welchem Ende ihm ein gewisses Hauß/ wo er sein Bleiben haben könne/ vor den Thoren angewiesen/ wie nicht weniger zu denen nöhtigen Artzneyen/ und wo er sich derselben zu erholen Anstalt gemachet/ inmassen er auch von Uns seiner Mühe wöchentliche Belohnung/ zugewarten/ zu dem jenigen aber/ was er bey solchen inficirten Patienten/ die es bezahlen können/ verdienet/ ihm gebührend soll verholffen werden.

Wärterin.

Demnach es auch bey uns herkommens und gebräuchlich ist/ daß in denen Vorstädten/ auff jedweder Gasse ein so genanter

nanter Gassen-Meister und Gassen-Magd bestellet/ welche/ der Nachbarschafft zum besten/ zu gewissen Verrichtungen verordnet seynd; So ist Unser Wille und Befehl/ daß ein jeder Gassen-Meister/ auch zu dieser gefährlichen Zeit/ auff seiner Gasse die völlige Auffsicht haben/ und nebenst der Nachbarschafft sich selbst beyzeit unterreden solle/ wie viel Wärterinnen eine Gasse zu bestellen und vorzuschlagen gesonnen sey/ mit deren Amt und Verrichtung/ wie auch ihren Lohn/ und was sonst darbey zu erinnern/ es bey dem verbleibet/ was droben von denen Wärterinnen in der Stadt verordnet worden. Ein jedweder Gassen-Meister aber ist insonderheit verbunden/ alle inficirte Häuser und darinnen befindliche Patienten/ auch was sonsten nöthiges vorgehet/ dem Ober-Leichenschreiber in der Stadt täglich zu berichten/ und sich bey ihme/ was nöhtig ist/ Raths zu erholen.

Die Gassen-Magd aber soll so wohl die inficirten Häuser verschliessen/ als auch denen in verschlossenen inficirten Häusern befindlichen Krancken und Gesunden ihr Essen/ Trincken/ und andere Bedürffniß/ zu bringen/ auch sich sonst nach dem jenigen/ was droben von denen Zuträgern in der Stadt gemeldet worden/ richten/ und kein Hauß verschliessen/ es sey dann solches von Uns/ durch Unsern Ober-Leichenschreiber/ zuvor anbefohlen worden.

Wolte aber eine oder die andere Nachbarschafft diese Verrichtungen der Gassen-Magd nicht aufftragen/ oder dieselbe/ solches auff sich zu nehmen/ sich weigern/ So hat solche Nachbarschafft sich dißfalls entweder unter einander selbst zuvergleichen/ oder von Uns/ durch unsern Ober-Leichenschreiber/ deßwegen Verordnung zu gewarten.

So viel auch die Leute/ so zu Beschickung und Beerdigung der Leichen nothwendig erfordert werden/ betreffen
thut/

thut/ darüber können sich die Nachbarschafften ebener maſſen mit einander ſelbſt vergleichen/ oder ſich/ mit unſerem Vorbewuſt/ dererſelben/ entweder aus der Stadt/ oder aus dem Lazareth/ erholen.

Zum Zehenden.
Von denen Wehemüttern.

Weil auch bey dieſen gefährlichen Läufften unter ſchwangern Weibern/ derer Geburts-Zeit herbey nahet/ groſſe Furcht und Schrecken/ auch dahero nicht geringe Gefahr zu ihrer infection zu befürchten/ Wenn nemlich Unſere ſonſt beſtellte Kinder-Mütter/ ohne Unterſcheid/ in inficirte und geſunde Häuſer gehen/ und ſo wohl inficirte krancke/ als geſunde ſchwangere Weiber bedienen ſolten; So haben Wir/ auch dißfalls unſere treue Vorſorge zu bezeugen/ die Verordnung gethan/ daß/ über die ordentlichen noch zwey andere/ als eine in der Stadt/ und eine in der Vorſtadt/ angenommen und beſtellet/ dieſelben auch mit freyer Wohnung/ und billigmäſſiger Beſoldung/ von Uns verſehen/ und mit nöhtigen Præſervativ-Artzneyen verſorget werden ſollen; Derer Amnt und Verrichtung aber vornemlich darauff beruhet:

1. Sollen ſie ſich jederzeit in ihren angewieſenen Wohnungen finden laſſen/ damit ſie von ſchwangern Weibern/ ſo entweder allbereit ſelbſt inficiret/ oder doch in inficirten Häuſern wohnhafft/ und mit verſchloſſen ſeynd/ angetroffen und gebrauchet werden können.

2. Sollen ſie ſich/ weñ ſie ſchon an einem/ oder dem andern inficirten Orte gebrauchet worden/ des unnöhtigen Ausgehens/ und herumlauffens in der Stadt/ gäntzlich enthalten/

ten/damit niemand/ so sie kennet/ in Furcht und Schrecken gesetzet werden möchte.

3. Sollen sie zu allen Zeiten/ es sey bey Tag oder Nacht/ so bald sie von einer kreisenden Frau in ein inficirtes Hauß begehret werden/ ungesäumt folgen/ auch ihr Ammt/ bey Armen so wohl/ als Reichen/ ungespartes Fleisses/ und aufs treulichste verrichten.

4. Sollen sie bey gefährlichen Fällen / und harten Stande/ bey dem Medico Pestilentiali Hülffe suchen/ denselben/ durch den Unter=Leichenschreiber den Zustand ausführlich berichten lassen/ und seinem Rathe und gethanen Verordnung schuldige Folge leisten.

5. Sollen sie daran seyn/ daß/ wenn die schwangere Frau/ durch Gottes Gnade/ entbunden ist/ das Kind von derer in der Stadt/ oder in denen Vorstädten verordneten Pestilential=Pfarrherrn einem in dem inficirten Hause alsobald getaufft/ oder auff den äussersten Nothfall solches von ihnen selbsten verrichtet/ und bey so gefährlichen Zustand/ an diesem heiligen Bade ja nicht gehindert oder versäumet werde.

6. Sollen sie auch verbunden seyn/ solche ihre Sechswöchnerin/ wenn es von nöhten/ und begehret wird/ zu besuchen/ und ihr/ auff alle Begebenheiten / nach äusserster Möglichkeit beyzustehen/ und hülffliche Hand zu bieten.

Zum Eilfften.

Von denen Leuten / so die Leichen anziehen und aus denen inficirten Häusern zu Grabe tragen.

Wann nun der allmächtige GOtt über jemand in diesen Läufften gebeut/ und an solcher Seuche hinwegnimmt/

verneuerte Pest-Ordnung.

nimmt/ es geschehe gleich in-oder ausserhalb der Stadt/ wie dann der Zorn und die Straffe Gottes einen mächtigen Nachdruck hat/ und in solchen Läufften die Leute offtmals häuffig dahin sterben/ und gleichwol die Liebe des Nechsten erfordert/ so wohl an sich selbsten Christlich und billich/ auch den Lebendigen tröstlich ist/ daß solche verstorbene Leute/ so viel zu geschehen müglich/ auch ehrlich zur Erden bestattet/ und nicht heimlich hinaus geschleppet werden: So haben Wir derowegen auch Versehung gethan/ und

1. Zwo Personen/ als eine Mannes-und Weibes-Person bestellet/ welche die verstorbene Leichnam/ der Mañ die Manns-Personen/ das Weib aber die Weibes-Personen/ auff der Leute/ in den inficirten Häusern/ oder der nechsten Freunde/ und wer sich des Verstorbenen annimt/ billiche Vergleichung/ über die Besoldung/ die Wir/ neben der freyen Wohnung/ solchen Personen wöchentlich geben und reichen lassen wollen/ wäschet und reiniget/ und darauff sauber und rein anziehet/ und also fein reinlich in den Sarck leget und beschicket.

2. Hierüber haben wir bestellet gewisse Mannes-Personen/ welche die an der infection Verstorbenen/ gegen der Erben/ oder nechsten Freundschafft gleichfals billiche Vergleichung/ (als von einer erwachsenen Mann-oder Weibes-Person einen Thaler; von einem Kinde aber/ oder noch unerwachsenen Person/ zwölff Groschen) zum Grabe tragen sollen/ denen Wir/ über jetzo gesatzte Gebühr/ gleichfalls ihre wöchentliche Besoldung/ auch in dem Hospital zu St. Johannis/ in einer Stube und Kammern/ solche Zeit über/ freye Wohnung im neuen Hause/ wie auch nothdürfftig Essen und Trincken reichen und geben lassen wollen/ damit sie sich zu solchem Ampt desto williger gebrauchen lassen.

3. Es sollen aber solche Personen/ so die Leichen reinigen

gen und anziehen/ auch die/ so solche zu Grabe tragen/ des Aus- und Eingehens unter den Leuten/ ausserhalb wann sie ihres Ammts halben erfordert werden/ und zuverrichten haben/ sich gäntzlichen enthalten / auch ihre Weiber und Kinder/ solche Zeit über/ bey ihnen nicht aus- und einlauffen lassen / damit nicht andere Leute von ihnen geschrecket und angestecket werden / und solches bey Vermeidung Unserer ernsten unnachläßlichen Straffe. Dabey sie sich gleichsfalls in den Häusern/ da sie zu verrichten/ treu erzeigen/ und nichts/ sonderlich die jenigen/ so die Leichnam anziehen/ daraus entwenden/ auch an ihrem verordneten/ und gesatzten Lohn sich begnügen lassen/ und die Leute darüber nicht übernehmen sollen.

Todtengräber-Ammt.

4. Es soll auch der Todtengräber hiermit erinnert und ermahnet seyn/ daß er die Leichen nicht stehen lasse; sondern/ so bald solche auff den Kirchhof anbracht/ alsobalden begrabe/ auch den Leichnam mit Erde/ wie sich solches gebühret / überschütte/ so wohl des Abends die allgemeine Grabstädte mit Bretern und Erdreich wohl verdecke und verwahre/ und des andern Tages nicht eher wieder eröffne/ biß die Zeit wieder zu begraben herzu kömmt/ damit nicht/ in Verbleibung dessen/ böse Dünste von den Gräbern auffsteigen/ die Lufft dadurch verunreiniget/ oder doch zum wenigsten denen/ so nahe an dem Gottesacker ihre Wohnung haben/ etwas zugezogen werden möge.

5. So soll er sich auch aller Büberey und Betrugs/ deren sich die Todtengräber sonsten in solchen Läufften/ ihres schnöden Gewinsts halben/ wider die Christliche Liebe und ihr Gewissen/ zugebrauchen pflegen/ nicht allein für sich/ sondern auch für sein Weib/ Kinder/ Knechte und Gesinde/ enthalten/

verneuerte Pest-Ordnung.

halten/ auch/ da er an dero einem oder andern das geringste spüren und vermercken würde/ daß mit Büberey und Zauberey/ durch des Teufels Antrieb/ jemand etwas vorzunehmen sich unterstünde/ Uns solches/ ohne einigen Verzug/ mit allen Umständen anmelden/ und zu erkennen geben lassen/ damit Wir derwegen die Gebühr anordnen können/ und/ da er es verschweigen und vertuschen hülffe/ er neben denselbigen nicht zu gleichmässiger Straffe gezogen werde/ inmassen er hierauff sonderlich vereydet werden soll.

Zum Zwölfften.

Wie sich die Leute verhalten sollen/ welche in den Häusern verschlossen gewesen/ nach dem solche wieder eröffnet worden.

1.

Wann der allmächtige GOTT mit seiner Ruthe und Straffe von einem Hause abläßet/ daß man/ nach Verfliessung gewöhnlicher Zeit/ die verschlossenen Häuser wiederumb eröffnet/ so sollen solche Leute sich so viel desto mehr der Christlichen Liebe erinnern/ und nicht alsobald unter die Leute/ und wo die Gemeine am dicksten beysammen/ lauffen/ sich zu ihnen setzen und dringen/ Inmassen die Erfahrung gegeben/ daß dadurch groß Unheil und Gefahr verursachet worden; Sondern sollen zuförderst dem Allmächtigen GOtt für die gnädige Rettung dancken/ und sich ein vierzehen Tage auswittern/ des Tages über auff das Feld hinaus spatzieren/ und in der Lufft sich reinigen/ damit die Leute allgemach ihrer gewohnen/ und die Furcht vor solchen Leuten ablegen mögen. Hiernechst werden sie auch daher bedacht seyn/ daß die Häuser wohl gesaubert

bert und ausgeräuchert / die Betten gesonnet / die Lappen und dergleichen vergraben oder verbrandt/ und durch dessen Unterlassung/ sie selbsten und ihr Nechster nicht von neuen wieder in Unglück gestürtzet werden.

2. Wollen wir auch zu einem jeglichen/ welcher in solchen Läufften sich gebrauchen lässet/ so wohl die/ so solche Straffe GOttes betrifft/ das Vertrauen haben/daß sich ein jeder dieser Unser Verordnung/ und was sonsten der Liebe des Nechsten allenthalben gemäß/ für sich selbsten bezeigen werde.

3. Solte aber über Verhoffen bey einem oder dem andern das Gegenspiel erfunden/ und sonderlich die jenigen/ so sich zur Dienstwartung bestellen lassen/ einiger Untreu und anderer Gefährlichkeit überführet werden können/ Gegen dieselbige wollen Wir mit ernster unnachläßlicher scharffen Straffe / den Rechten gemäß/ dermassen/ mit der Hülffe GOttes/ verfahren/ daß solches männiglich kundbar werden/ und andere/ sich daran zustossen/ und für dergleichen Ubelthaten/ und Verbrechen zu hüten/ Ursach haben sollen.

Zum Dreyzehenden.
In dem Lazareth.

Soll gleichfalls ein Pestilential-Lazareth-Pfarrherr seyn/dessen Ammt und Verrichtung aber darauff bestehen:

1. Soll er/ weder Tag noch Nacht aus dem Lazareth kommen / es sey dann/ daß er zu einem Patienten in der Nachbarschafft gefordert/ oder zu einen Testament / und letzten Willen/als ein Zeuge begehret würde/welches letztere doch)

verneuerte Pest-Ordnung.

doch zuvor bey unsern Deputirten gesuchet werden/ und mit deren Vorwissen geschehen soll.

2. Soll er die in dem Lazareth befindliche inficirte Patienten Tag und Nacht fleissig besuchen/ des Morgens und Abends/ ingleichen/ so es sonst die Noth erfordert/ andächtig mit ihnen beten/ Trost zusprechen/ wöchentlich auch zwey ordentliche Predigten/ täglich aber/ zu Abwendung Gottes gerechten Zorns/ Betstunden halten/ und sich freudig und unverdrossen in solchen seinem Ammte/ auch dergestalt bezeigen/ wie er solches gegen GOtt/ und für dem Richterstuhl JESU Christi dermaleins zuverantworten getrauet.

3. Soll er auch zu gewissen Zeiten/ jedoch öffters/ als sonsten/ das Ammt und Communion halten/ dabey sich denn alle/ bey dieser gefährlichen Zeit verordnete Bedienten/ so wohl in der Stadt/ als vor denen Thoren/ und in dem Lazareth/ fleissig einzufinden; Deren öffentlichen Versamlungen aber/ in denen Stadt- und Hospital-Kirchen/ sich zu enthalten wissen werden.

Ein Pestilential Medicus in dem Lazareth.

Soll gleichfalls bestellet werden/ welcher 1. allezeit in dem Lazareth verbleibe/ und auff alle und jede seine/ ihme anvertraute Patienten/ genaue und fleissige Acht habe.

2. Mit denen Artzneyen/ welche ihm aus einer von Uns den Rath angewiesenen Apothecke gefolget werden sollen/ hat er treulich/ und wohl umzugehen/ und sich dißfalls des verfertigten Catalogi Medicamentorum usualium zu bedienen.

3. Soll er alle Artzneyen/ so er vor die Patienten im Laza-

Lazareth aus der Apothecken holen lässet/ fleissig auffschreiben/ damit dieselben künfftig beleget werden mögen.

4. So er auch eines sonderlichen Raths benöhtiget/ soll er sich desselben/ durch gewisse uninficirte gesunde Leute/ bey dem Medico Pestilentiali in der Stadt/ oder auch bey dem Stadt Physico selbst/ und zwart in einer gewissen Apothecke/ wohin der Medicus bestellet/ zu erholen wissen.

Der Pestilential-Barbier im Lazareth/

So dahin gleichfalls verordnet werden soll/ hat Achtung zu geben/ 1. ins Gemein/ auff eben das/ was der Pestilential-Barbier in der Stadt und Vorstadt/ zu bedencken und observiren schuldig; Insonderheit aber soll er

2. Tag und Nacht und allezeit/ in dem Lazareth bleiben/ und aus demselben/ seines Gefallens/ anders wohin zu gehen/ nicht befugt seyn/ aus Ursachen/ so bey dem Lazareth-Pfarrherrn und Medico angeführet worden; Jedoch so ferne einige hohe Noth vorfiele/ und er zu einem gefährlichen Patienten in der Nachbarschafft erfordert werden möchte/ soll ihme/ dahin zu gehen/ hiermit zugelassen seyn.

3. Soll er/ so ihme in seiner Cur etwas sonderliches vorfiele/ solches durch die Bediente/ so Artzney zutragen/ dem Pestilential-Barbier mündlich/ oder schrifftlich wissen lassen/ und sich bey dergleichen Fällen seines Raths erholen/ vor welche seine Mühe und Gefahr er denn in dem Lazareth/ auff unsere Verordnung/ nothdürfftig verpfleget/ auch wöchentlich mit gebührender Besoldung versehen werden soll.

Hauß-Vater und Hauß-Mutter.

Des Hauß-Vaters und Hauß-Mutter Ammt / bestehet darinne:

1. Sollen

verneuerte Pest-Ordnung.

1. Sollen sie/ bey dergleichen gefährlichen Läufften/ das Lazareth durch ihre Leute/ überall reinlich und sauber halten lassen.

2. Sollen sie die jenigen inficirten Patienten/ welche auf Unsere Verordnung/ hinaus geschaffet werden/ willig und bescheidentlich auffnehmen/ und mit nöhtiger Bequemligkeit/ unverzüglich versorgen/ wie es des Orts Zustand/ und der Zeit Gelegenheit/ mit sich bringet.

3. Sollen sie die Patienten mit Speiß und Tranck/ zu gewisser Zeit/ oder wenn es sonst von nöhten/ versorgen/ und durch die hierzu verordnete Wärter/ oder Wärterin/ ihnen zutragen lassen.

4. Sollen sie fleissige Auffsicht haben/ daß die Patienten/ so wohl von dem Pestilential-Pfarrherrn/ als auch von dem bestellten Medico und Barbier/ aller gebühr nach/ besuchet/ mit nöhtigen Artzneyen versehen/ und an ihnen nichts/ was sich gebühret/ verabsäumet werden möge.

5. Sollen sie alles unterhabende Gesinde und Bediente bescheidentlich und fleissig dahin anhalten/ daß ein jedes das Seinige genau beobachte/ und alles thue und verrichte/ was zu der armen inficirten Patienten Trost und Rettung/ gereichen kan.

6. Sollen sie sich alles Ausgehens/ aus dem Lazareth gäntzlich enthalten/ ihren Leuten und Gesinde auch solches ebenfalls nicht verstatten/ damit bey der Nachbarschafft/ und sonst/ keine Scheu und Furcht erwecket werde.

7. Wenn inficirte Patienten versterben/ soll der Hauß-Vater und Hauß-Mutter/ die Leichen der Manns-Personen/ durch die Siech-Knechte/ Die Leichen der Weibes-Personen aber/ durch die Siech-Mägde beschicken/ in den Sarg bringen/ und an den bestimmten Ort begraben lassen/ auch die Verordnung thun/ daß alle Bediente in dem Laza=

Lazareth/ ausser die/ so die Patienten zu warten/ und zu verpflegen haben/mit zu Grabe gehen/ welchen auch die jenigen/ so durch GOttes Gnade wieder gesund worden/ folgen sollen.

Die Wärter.

So sollen auch ferner gewisse Wärter bestellet und gehalten werden; Welche sollen

1. Das Lazareth/ und alle vor die inficirte Patienten verordnete Logiamenter reinlich halten.

2. Die Bettstädten/ Tisch und Bäncke/ und was etwa sonst vorhanden/ wohl in acht nehmen/ daß nichts unnöhtig verderbet werde.

3. Die Stuben/ nach Nothdurfft/ heitzen/ und auff Feuer/ Liecht und alles andere fleissig Achtung geben.

4. In denen Patienten=Stuben und Kammern/ wie auch in dem gantzen Lazareth/ des Morgens/ Mittags/ und Abends/ Insonderheit aber/ wenn die Betten gemachet werden/ wie auch/ wenn der Pfarrherr/ Medicus, oder Barbier kömmt/ fleissig räuchern/ und nebenst denen Wärterinnen/ alles nach Möglichkeit/ sauber und reinlich halten.

5. Denen Patienten ihr Essen/ Trincken/ Artzneyen und andere Nothdurfft/ zu rechter Zeit/ und wenn es zumaln nöhtig/ oder begehret wird/ bringen/ und sich in allen ihren Verrichtungen gegen die armen Patienten willfährig/ gedultig und dienstfertig erweisen.

6. In dem Lazareth/ Tag und Nacht beständig verbleiben/ und aus demselben nicht unter andere Leute gehen/ damit sich niemand vor ihnen scheuen und fürchten möge.

Die Wärterin.

So viel/ als nöhtig seyn möchte/ sollen derer angenommen

men werden/ und sich ins gemein nach dem jenigen halten/ was droben von denen in der Stadt gesaget worden. Nechst diesem aber sollen sie

1. Dem Hauß Vater/ und Hauß-Mutter/ in allen/ was sie ihnen/ diese Zeit über/ befehlen werden/ gebührende Folge leisten.

2. Sollen sie/ Tag und Nacht in dem Lazareth verbleiben/ und sich alles Aus- und Herumlauffens aus dem Lazareth enthalten/ damit sie ihre Pflege und Wartung der armen inficirten Patienten/ desto besser wahrnehmen/ auch niemand durch sie in Schrecken/ Furcht und Gefahr/ gesetzet werden möge.

So bald aber durch GOttes Gnade/ das Unglück vorbey ist/ sollen sie so dann in ihre vorige Freyheit gelassen werden/ und Unsers/ vor ihre Mühe/ und ausgestandene Gefahr versprochenen guten Willens versichert seyn.

Siech-Knechte und Siech-Mägde.

Derer ist auch eine gewisse Anzahl bestellet/ welche
1. Die Siech-Knechte/ die Krancke und inficirte Patienten/ aus denen inficirten Häusern/ auff unsere Verordnung abholen/ und die so Schwachheit halber nicht selbst fortkommen können/ des Abends/ zu der von Uns bestimmten Zeit/ hinnaus tragen/ Und

2. Wenn Patienten gestorben/ die Gräber machen/ die Leichen zu Grabe tragen und beerdigen sollen.

Die Siech-Mägde aber

Sollen 1. Denen Wärterinnen fleissig zur Hand gehen/ die Betten machen/ räuchern/ wie auch Essen/ Trincken/ und andere Nothdurfft denen Patienten zutragen helffen.

E ij   2. Sol-

2. Sollen sie der Wäscherin waschen/ ausspülen/ treugen und rollen/ wie auch das geringste Geräthe/ jedes/ wo es hingehöret/ bringen helffen.

3. Sollen sie auch die Leichnam verstorbener Weibes-Personen in dem Lazareth beschicken/ und zu Grabe befördern helffen.

Die Lazareth-Wäscherin.

Weil auch bey dergleichen höchst-gefährlichen Läufften die Reinligkeit bey der Cur grosse Hülffe und Förderung thun kan/ So sollen Lazareth-Wäscherinne bestellet/ und ihre Verrichtung diese seyn:

1. Sollen sie alles denen Patienten zustehende Geräthe/ so offt es nöthig/ und von der Hauß-Mutter befohlen wird/ rein und wohl auswaschen.

2. Sollen sie/ wenn solches geschehen/ einem jeden Patienten durch die Sieg Mägde/ das seinige darreichen/ damit sie sich rein und sauber halten können.

3. Sollen sie/ vor der Wäsche das Geräthe in seiner Stube oder Kamer halten/ sondern solches in die freye Lufft/ auff die Böden hängen/ damit sie selbst/ und andere/ vor Gefahr des Ansteckens/ so viel GOtt wil/ sicher seyn mögen.

4. Sollen sie/ wenn sie das Geräthe zum treugen auffgehangen/ es mit dem gemeinen Räucher-Pulver wohl räuchern/ und also dißfalls der Patienten bestes suchen.

DEmnach Wir Bürgermeister und Rath der Stadt Leipzig in der dieses Jahr revidirten und publicirten Pest-Ordnung unter andern die Vertröstung gethan / daß der Uns anvertraueten Stadt / und darinnen befindlichen Bürgerschafft / so wohl andern Einwohnern zum besten ein gewisses Consilium Medicum, mit approbation der gantzen löbl. Medicinischen Facultät auch anderer allhier sich befindenden Practicorum, verfertigt / und gleichfalls publiciret werden sollen / als haben Wir solches dato werckstellig gemacht / zu dem Ende / daß durch den verordneten Stadt-Physicum und der löblichen Medicinischen Facultät Decanum, Herrn D. Gottfried Welschen / vor allbereit etlichen Monaten Uns zugestellte Project und auff solche Fälle abgefaßte Consilium zum öffentlichen Druck befördert / und publiciren lassen / lautend / wie folget:

CONSILIUM MEDICUM
contra Pestem.

Anfänglich wird anjetzo billig weder der Nothwendigkeit/ noch gegenwärtiger Intention und Vorsatze/ gemäß zu seyn erachtet/ daß von der Natur/ und Eigenschafft der Pest/ oder Pestilentialischen Seuche/ weitläufftig gehandelt werde/ in dem mancher/ zumahl furchtsame Leser/ durch überflüssige impression und Nachsinnen/ sich vielleicht diesfalls mehr fürchten/ als Rath/ und Hülffe daraus schöpffen/ und nehmen dürffte.

Genug ists/ daß unter allen Nationen/ so unter dem Himmel zu finden/ mit Verlust vieler hundert tausend Menschen/ schon vor unserer Zeit/ überflüssig bekandt worden/ daß sie eine dergleichen und höchstschädliche Seuche sey/ an welcher die meisten Patienten geschwind/ und in kurtzer Zeit sterben/ und darbey zugleich andere pflegen inficirt/ und angesteckt zu werden/ Indem durch derselben bey sich führendes sonderliche Gifft (Pestilens Venenum) das Hertz/ und dessen inwohnende Lebens-Krafft/ weit über die Natur/ Krafft und Macht alles andern Giffts/ stracks Anfangs/ unvermerckt/ und in kurtzer Zeit/ auch offt in gar wenig Stunden dermassen afficiret und angegriffen wird/ daß/ wenn solches Pestilentialisches Giffts Gegenwart/ und Würckung/ kaum vermercket/ und empfunden wird/ meistentheils auch die allermöglichste Hülffe/ und Rettung/ ja auch der Gebrauch wider alles andere Gifft dienenden köstlichen Artzneyen (Alexipharmacorum und Antidotorum) weder statt noch Raum finden will/ Sondern anders nichts/ als meist ein kurtzer/ geschwinder und jählinger Tod zu folgen pfleget;

So ists auch unnöthig/ von denen Ursachen/ woher diese

Verneuerte Pest-Ordnung. 39

diese Seuche/ eigentlich entstehe/ allhier viel Worte zu machen/ Alldieweil es scheinet/ daß auch die Gelehrtesten/ die Untersuchung/ und Erforschung der eigentlichen Ursachen dieser in finstern schleichenden Pestilentz/ es biß dato bey einem/ seiner sonderbahren gifftigen hertzbrechenden Art nach/ verborgenen/ unbeschreiblichen/ sonderlichen Giffte/ haben beruhen lassen/ Und solcher massen dem Hippocrati (ob er gleich ein Heyde gewesen/ dießfalls sein τὸ θεῖον, (qvod per Numen; tanqvam Rerum Humanarum præcipuam Causam, & in Rebus Humanis principatum obtinens, explicatur, vel τὸ θεῖον etiam, qvod Divinum est, significat; hoc est, qvod à DEO est, aut qvod incomprehensibile est, ut DEUS; & cujus causam, neqve sensu, neqve cogitatione asseqvi possis; Annot. Foës. in Oeconom. Hipp. p. 267.) gestalten Sachen nach/ admittiren/ und einräumen müssen/ gleichermassen auch sonsten diese Pestilentialische Seuche/ ihrer sonderlichen Art/ und eigentlichen Ursachen halben/ (Manus & Flagellum DEI) eine Hand und Ruthe des höchsten GOttes genennet wird.

Dahero es denn auch keinen Grund hat/ wenn die Ursache der Pest/ blosser Dinge/ dem Gestirn/ und unglücklichē Lauff/ oder Conjunction widerwertiger Planeten/ oder zuvor erscheinenden Cometen/ oder einigen in der Lufft sich ereugnenden Feuerzeichen/ oder auch auff der Erde sich begebenden Inundationen/ Außtretung der Wasser/ und Uberschwemmung der Wiesen/ Felder/ und anderer Ländereyen/ oder auch Erdbeben/ und dergleichen/ zugeschrieben werden wil/ Alldieweil durch dergleichen/ ungemeine Begebenheiten zwar nicht geringe alterationes und Veränderungen/ unter Menschen und Viehe/ entstehen/ Welche zu Mißwachs/ auch allerhand Kranckheiten/ Gelegenheit geben können/ Zu dergleichen Contagion, und Infection aber/ wie bey der Pest zu befinden/ vor sich nicht allein vermögend/ sondern

dern vielmehr/ (wiewohl auch nicht ohne Unterscheid und allezeit) vor Prodromi, und Vorbothen einer herannahenden Straffe GOttes/ zu halten seynd;

Damit aber der in dieser Schrifft vorgesetzte Zweck/ ohne einige Weitläufftigkeit erlanget/ und der gesamten löbl. Bürgerschafft und Einwohnern allhier/ einige kurtze Nachricht/ wie Sie sich/ bey befürchtlicher bösen Contagion wider dieselbe/ so viel müglich/ zu præserviren/ und zu verwahren haben mögen/

So wird dieselbe/ guter Ordnung nach/ theils auff einer äusserlichen/ theils aber auff einer innerlichen Præservation beruhen/

Von welchen beyden/ zu gemeiner Stadt Wohlfarth/ und Besten/ folgendes zu erinnern/ und anzuführen/ vor nöhtig erachtet worden.

Und zwar von der äusserlichen Præservation den Anfang zu machen/ so bestehet dieselbe vornehmlich darinnen/ daß alles das jenige/ was äusserlich/ oder von Aussen/ den Menschen/ zur Zeit der Pest/ also afficiren kan/ daß Er dardurch von der herumschleichenden Pestilentialischen Seuche gar leicht inficiret und angestecket werden könte/ so viel durch GOttes Gnade müglich ist/ durch gewisse Mittel/ dermassen corrigiret/ und zu seiner Erhaltung geändert werde/ daß Er vor derselben sicher seyn möge.

Diesem nach/ so kan dieselbe weder ordentlicher/ noch deutlicher vorgebildet werden/ Als wenn man/ aus einigen/ zu einem rechten und vollständigen Diæt/ gehörigen Classen das jenige wohl beobachtet/ durch dessen Vitium und errorem, es bestehe derselbe in excess oder defect, zu dem Pestilentialischen Contagio, und Infection, die meiste Gelegenheit und Ursache gegeben werden kan.

Unter welchen allen anfänglich die Lufft den Vorzug hat/

verneuerte Pest-Ordnung.

hat. Denn ob gleich dieselbe allein das jenige ist/ welches der Mensch zu seinem zeitlichen am nöhtigsten hat/ und es weder Tag noch Nacht entrahten kan/ So ist sie doch so vielerley alterationen/ und schädlichen Veränderungen unterworffen/ daß nicht allein allerhand andere Kranckheiten/ sondern auch die Pest selbst/ vermittelst ihres Pestilentialischen Contagii, allein durch sie propagiret/ fortgepflantzet/ und ausgebreitet/ sie auch dahero nicht uneben Principale Pestis Receptaculum genennet wird.

Nun scheinet es zwar ein nicht geringes zu seyn/ wenn Medici die Lufft/ in welche zumahl der erzürnete GOtt das Seminarium Pestis, oder die Contagion, selbst geleget und ausgestreuet hat/ zu ändern/ und sie dem Menschen unschädlich zu machen/ sich unterwinden wollen/

Nichts destoweniger aber hat doch der barmhertzige GOtt/ auch mitten in seinem Zorn/ seine Gnade/ und den Vorraht seiner Hülffs-Mittel/ auch dießfalls an leiblichen Dingen/ nicht verschlossen. Dahero dann unter andern zur äusserlichen præservation dienenden Hülffs-Mitteln/ die Lufft vor allen Dingen/ und zwar nicht allein in denen Häusern/ und in Stuben/ Kammern/ und andren Losamentern/ sondern auch in der gantzen Stadt/ und auff allen deroselben Plätzen/ Strassen/ und Gassen/ so viel müglich/ zu corrigiren/ zu ändern/ und zu reinigen ist/ solches aber werckstellig zu machen/ so ist/ zu Reinigung allgemeiner Lufft der gantzen Stadt sehr dienlich/ wenn auff denen vornehmsten Plätzen und Kirchhöfen/ ingleichen in denen Ædificiis publicis, als Kirchen/ (eine Stunde ohngefehr vor der Predigt/) item, in beyden Haupt-Schulen/ und insonderheit auff der zu S. Thomas, in denen Auditoriis, Cœnaculo, und Schlaff-Kammern/ wie auch in dem Lazareth/ und Hospitalien/ in der Fleischbäncke/ Garküche/ und Kuttelhofe ꝛc. so wohl auch

F

in

in denen gröſten Gaſſen derſelben/ zu gewiſſen Zeiten/ Feuer angemachet/ und daſſelbe allemahl zum wenigſten eine halbe Stunde brennend unterhalten wird/ Solcher Geſtalt/ daß/ auff dem Marckt/ oder Haupt-Platze/ drey Feuer/ eines in der Mitten/ die andern beyden aber an jedweden Ende deſſelben eines/ Und alſo auch in denen Haupt-Gaſſen in Anfange/ Mittel/ und am Ende derſelben/ ein Feuer gehalten werde/ Welches zwar auch in denen kleinern Gäßlein/ ſo es auch faſt am meiſten bedürffen möchten/ geſchehen kan/ wen die Nachbarſchafft nur auff das Feuer gute Achtung giebt/ daß gemeine Stadt vor allen Schrecken/ und Unglück verſichert iſt.

Die Zeit/ wenn ſolche Lufft-reinigende Feuer anzumachen ſeynd/ betreffende/ ſo muß ſolches des Morgens/ vor Auffgang/ und des Abends/ bey Niedergang der Sonnen/ und alſo des Tages zum wenigſten zweymal geſchehen.

Die Materie/ ſo zu dieſer Lufft-reinigenden Feurung zu gebrauchen/ iſt gemeiniglich Eichenholtz/ und inſonderheit/ die Zellichen/ daran das Laub noch iſt/ Ingleichen Faß-Tanben von gepichten Gefäſſe/ wie auch Fichtenbaum/ oder Künholtz/ welches/ wegen ſeines Hartzes/ hierzu ſehr dienlich iſt/ von allen aber iſt dießfalls das Wacholder-Holtz und deſſen Reiſer nicht genug zu loben/ Als welches/ ſeiner innwohnenden gantzen Krafft/ und zumahl deß bey ſich führenden Firniß halben/ allen Unreinigkeiten der Lufft/ und ſo gar auch denen Peſtilentialiſchen Dünſten zuwider/ und dieſelbe davon zu reinigen fähig iſt.

So wird auch dem Eſchbaum-Holtz dißfalls daher ſehr viel zugetrauet/ daß die Naturkündiger aus der Erfahrung bezeugen/ daß demſelben eine ſolche antipatie wider alle vergifftete Thiere beygeleget wäre/ daß auch weder Schlangen/ noch andere gifftige Thiere ſeinen Schatten vertragen können.

Damit

verneuerte Pest-Ordnung.

Damit aber in Erwehlung derer Materialien zu diesen Lufft-reinigenden Gesundfeuer/ niemand irre gemachet werde/ welches er erkiesen solle/ so ist einem jeden dißfalls billich sein Wille zu lassen/ zu besserer Beförderung der Lufft-Reinigung aber nachfolgendes geringe Rauchpulver wohlriechend anhero zu fügen/ vor gut befunden worden.

Nim: gut rein Pech   3. Pf.
           guten reinen Schwefel   1½. Pf.
           Salpeter   ½. Pf.

Stosse es (jedes absonderlich) in einem Mörsel/ daß es nicht gar zu klein gepülvert/ sondern nur crasso modo mit einander vermischet wird/ hernach nim 1. Pf. gute Lunte/ winde sie auf/ und schneide sie mit einer Schere gar klein/ und mische sie darunter/ dieses Pulver/ weil es zumal wenig kostet/ kan nicht allein zu besserer Zündung des Holtzes und Feuers/ sondern auch zu heilsamer Reinigung der Lufft/ auff obangeführte Holtz-Materialien ohngefehr 2. 3. oder 4. Löffel voll/ wenn das Holtz brennet/ nach und nach auffgeschüttet/ auch von armen Leuten/ ingleichen in dem Lazareth/ und Hospitalien/ nur bey angezündeten Stroh/ oder Spänen/ zu Ersparung des Holtzes/ sehr nützlich gebrauchet werden.

Wer aber/ die Lufft gar zu ändern/ sich mit denen Seinigen hinweg/ und an einen andern gesunden Ort zu wenden/ gesonnen/ solches auch Ammt- und Gewissens halben/ thun kan/ der ist nicht zu verdencken/ und hat bey seiner Flucht/ die drey bekandte Adverbia: Citò, Procul, & Tardè, in acht zu nehmen/ und dahero dieselbe also anzustellē/ daß er sich Citò, und fein bey Zeit/ Procul, und fein weit/ da gesunde Lufft ist/ darvon mache/ auch Tardè, und so balde nicht wieder zurück komme/ nach dem alten Verslein:

Sunt Tria quæ prorsus tollunt Adverbia Pestem,
Mox, Longè, Tardè, cede, recede, redi.

Oder nimb: Wacholderbeeren 1. pf.
guten Schwefel ½. pf.
Salpeter ¼. pf.

Stoſſe ein jedes à part, miſche es hernach unter einander/ und räuchere die Loſamenter im Hauſe/ des Morgens/ Mittags/ und Abends/ oder nach Belieben/ damit aus.

Wer aber etwas beſſers verlanget/ derſelbe kan ſich/ entweder des ſo genanten gemeinen/ oder guten Rauchpulvers/ welches abſonderlich hierzu von dem Stadt-Physico und geſammten Herren Medicis allhier/ in die Apothecken verordnet/ gebrauchen/ und mit demſelben ſeine gantze Wohnung/ Morgens/ Mittags/ und Abends wohl verwahren. Oder aber es ſtehet ihm frey/ ſich von ſeinem ordentlichen Hn. Medico, was ihm beliebet/ ſelbſt verordnen zu laſſen.

So auch jemand vor ſich/ und vor ſein Hauß ſelbſt ein Räucherpulver zu machen beliebete/ der nehme hierzu/ Wacholderholtz/ wie auch ſeine Sträucher/ und Beeren/ Eichenlaub/ Raute/ Salbey/ Roßmarin/ Roſen/ Lorberblätter/ Lerberbeeren/ Weyrauch/ Agtſtein/ Maſtix/ Styrax ꝛc. und leſe ſich unter allen aus/ was/ und wie viel ihm von jedem belieblich iſt. So können auch/ vermittelſt dergleichen Pulver/ die Betten/ Kleider und Hembden/ wie auch Fleiſch/ und andere Victualien/ ſo in der Lufft zu hängen pflegen/ ehe man ſie gebrauchet/ geräuchert/ oder in die Schräncke/ und Kaſten/ wo Kleider/ und Gerähte liegen/ Angelica/ Raute/ Wacholder-Sträuche/ Roſen/ Spicanard/ Citron- und Pomerantzen-Schalen ꝛc. gethan werden/ bey welchen

durch-

durchgehends zu beobachten/daß/wenn dem Frauenzimmer etwan eines/oder das andere/unangenehm fallen möchte/sie allezeit etwas von Biebergeil an der Hand haben sollen. Man kan auch des Abends insonderheit/ und wenn man schlaffen gehet/etliche Löffel Rauten-Rosen-Scordien- oder Theriacalischen Essig auff vorerwehnte glüende Steine gießen/und also einen Dampff/ oder Rauch erwecken/ zumahl wer Leute/ so mit der Schwein-Mast/ Kürschner-Beitze/ ꝛc. umgehen/ zu Nachbarn hat.

Ingleichen ist zu Reinigung der Luffte zumal bey armen Leuten/ sehr zuträglich/wenn des Tages/oder Abends/ zum öfftern/ ein/ oder der andere Bogen Papier angestecket/ oder/wenn man schlaffen gehet/ein Schuß Pulver angebrennet/oder die Nacht/oder auch wol Tag und Nacht ein Stück brennende Lunte in der Kammer/und andern Losamentern/ jedoch mit guter Vorsichtigkeit/verwahrlich behalten. Bevoraus auch die Losamenter/ als Stuben/ und Kammern/ von aller Unsauberkeit/und insonderheit von Kanckern und Spinnen/fleissig gereiniget werden.

Nichts weniger kan man sich auch durch andere äusserliche Mittel zu præserviren suchen: Nemlich/ wenn man/zu seiner selbst eigenen Verwahrung / allerhand bewehrte Bezoardische/und Gifftvertreibende Mittel/ eusserlich gebrauchet/als da seynd köstliche Hertzstärckende/und præservirende Wasser/und Spiritus zum Riechen und Anstreichen/ ingleichen herꝛliche/ und hierzu dienende Olitäten/ und Balsam/ wie auch Poma Ambræ, und dergleichen/ꝛc.

Unter welchen allen ein jedweder/der es zu bezahlen/die Wahl hat/ und solche entweder aus der Apothecke holen/ oder von seinem Herꝛn Medico sich dießfalls verordnen lassen kan/was ihm belieblich ist/und gerahten wird.

Inmassen denn deßwegen in denen Apothecken allhier solche

solche Anstalt gemachet/ daß sich jedermänniglich zu seinem Vergnügen dießfalls wird zu bedienen haben.

Im übrigen aber kan man sich mit einem gewöhnlichen Knopffe von Eschen= oder Wacholder-Holtze/ worinnen ein Schwamm mit einem in der Apothecke befindlichen und hierzu sonderlich verordneten Bezoardischen Gifft=vertreibenden ꝛc. oder nur einfachen guten Rauten Scordien= oder Hindbeer=Essig/ ingleichen 2. oder 3. Tropffen Agtstein= oder Kampfer=öhl angemachet vergnügen lassen.

Was aber die so genanten und selbst ex Venenis und Venenatis ingredientibus bestehende Amuleta, und περιάμματα, oder die jenigen Dinge/ so äusserlich anzuhangen oder auff die Puls/ und andere Oerter des Leibes zu binden sonst gerahten werden/ betreffen thut/ solche lässet man/ weil ihre operation, effect, und Hülffe sehr ungewiß/ und zweiffelhafft/ billich/ und aus gewissen Ursachen/ beyseit gesetzet seyn/ Ein jedweder Rationalis Medicus aber wird schon bey sich überlegen/ was er dißfalls mit gutem Gewissen rahten kan.

So viel auch fernerweit die Classe des Diæts worein Essen und Trincken gehöret/ und wie es auch dießfalls/ bey dergleichen gefährlichen Läufften zu halten/ betreffen möchte/ So ists zwar unnöhtig/ daß der sonst gefährliche Victus und vorige Lebens=Art/ an Speiß und Tranck eben so gar geendert werden muß/ Jedoch ist auch nicht zu leugnen/ daß/ auch hierauff/ ein nicht geringes so zur præservation vor der Pest dienlich/ beruhen thut/ denn so es offenbar/ daß durch böses/ unordentliches/ und ungeziemendes Verhalten/ im Essen und Trincken/ oder vielmehro Fressen und Sauffen/ fast alle andere Arten der Kranckheiten/ und Menschlichen Zufälle/ zu entstehen pflegen/ So ist die Furcht dießfalls um so viel grösser/ daß/ bey dergleichen Excessen/ die præservation vor der Pest sehr schwer/ und mißlich fallen dürffte.

Sol=

verneuerte Pest-Ordnung. 47

Solchem aber so viel möglich/ auch Rath zu geben/ So ist die Temperantz und Mäſſigkeit/ insgemein/ das zulänglichste Mittel hierzu/ Bevoraus wenn so wohl in der Menge/ als Varietät/ und Aufffetzung vieler/ und allerley/ auch ihrer Natur/ qualität und Beschaffenheit nach/ einander offt gar zuwiderlauffende Speiſen/ gute und beſcheidene Maſſe gehalten/ und dadurch aller Hinderniß und Verletzung der Concoction und Verdäuung des Magens/ und denen hieraus befürchtlichen Cruditäten vorgebauet wird.

Die Speiſen aber an ſich ſelbſt/ müſſen/ ſo viel eines jedweden condition und Zuſtand leiden wil/ gut/ wolverdaulich und von guter Nahrung ſeyn/ worvon eine jedwede verſtändige Haußmutter ſchon ſo viel zu raiſoniren weiß/ als ihr hiervon vorgeſchrieben werden mag.

Dahero ſie zu dieſer Zeit/ inſonderheit an ſtatt/ und zumahl bereit riechenden hohen Wildbrets/ wie auch friſchen Schweinen= auch allerhand geräucherten Fleiſches/ ingleichen eingeſaltzenen/ wie auch in ſumpfichten Waſſern gefangener friſchen Fiſche/ Item der vielen Milch/ und was mit Milch gemachet/ wie nicht weniger deſſen/ was in Butter/ oder Fett gebraten wird/ und geſchwind=verderblichen Obſtes/ ihre Küchen ſonſt wohl/ und klüglich verſehen wird.

Wolte ſie aber zu dieſer gefährlichen Zeit/ in ihrer Küche eines/ und das andere an der Hand zu haben/ belieben/ wormit die Speiſen/ als Fleiſch/ Suppen/ Titſchen ꝛc. alſo gemachet/ und zubereitet würden/ daß ſie ſelbſt/ und ihr gantzer Tiſch zugleich mit der Speiſe/ auch eine nicht geringe zur præſervation dienliche Artzney=Krafft empfinden möge/ ſo würde es Jhr/ ſo wohl rühmlich als ihrem Hauſe heilſam/ und nützlich ſeyn. Zu welchem Ende ſie inſonderheit gebrauchen könte: Sauerampffer/ Salbey/ Biebernell/ Borragen/ Rante/ und Wermuth (zumahl auff Butterbammen

men/ wie auch Petersilien/ Endivien/ Roßmarin/ Wacholderbeeren/ Capern ꝛc. Ingleichen Limonien/ Citronen/ und alles was von Citronen kömmt/ insonderheit derselben ausgedruckten säuerlichen Safft/ wormit/ Fleisch/ Suppen und Titschen/ so lieblich/ als nützlich/ anzumachen.

Item/ unter denen Gewürtzen/ zuförderst Saffran/ Muscatenblüten/ Zittwer ꝛc. Weil auch von Zwiebeln/ und Knoblauch/ ob sie bey dergleichen gefährlichen Zustande/ in der Küche/ und an Speisen zu gebrauchen/ viel disputiret wird/ die gantze Furcht aber allein auff dem Excesse beruhet/ so kan beyderseits/ zumal aber Zwiebeln/ an Speisen/ (wenn es nur mässig geschiehet/ gar wol vergönnet/ und zugelassen werden/ zumahl es unverborgen/ daß schon zu des Galeni Zeiten/ auch der Knoblauch (verstehe aber den vorsichtigen/ und mässigen Gebrauch) desselben (in solchem Credit gewesen/ daß er bey dergleichen gefährlichen Läufften/ der Bauren-Theriac genennet worden.

Das Geträncke aber betreffende/ so ist über der Mahlzeit ein gelindes/ nicht gar zu starckes/ zumahl aber reines/ und von überhäufften Hefen gesondertes Bier das beste: Zumahl wenn zuweiln insonderheit bey der Abendmahlzeit/ ein Quartier/ oder halb Nössel guten reinen und unverfälschten Weins/ darbey genossen/ aller Exceß aber im Sauffen/ und Völlerey/ vermieden wird.

So ist auch zu dieser intention nicht undienlich/ daß ein jedweder zu rechter Zeit/ und wenn ihn seine Natur zum Urin/ oder sonst treibet/ derselben den Willen lasse/ auch/ wenn er wohl thun wil/ solches Anreitzen nicht allezeit erwarte/ sondern des Morgens/ wie auch vor der Mittags- und Abend-Mahlzeit/ die Natur selbst darzu veranlassen/ und gewohnen möge/ damit dieselbe/ durch ungebührliches Verhalten derer Excrementen/ nicht zu gefährliche Verstopffungen/

verneuerte Pest-Ordnung. 49

gen/ und dahero sich ereugnenden schädlichen Dünsten/ veranlasset werde.

Endlich aber ist auch bey denen Gemüts-Bewegungen/ und affecten/ als Zorn/ Sorge/ und Kummer/ genau Masse zu halten/ wiewohl es zu solcher Zeit durchaus besser ist/ mässig und zuläßlich/ frölich/ als traurig/ und bekümmert seyn.

Vornemlich aber ist der Furcht/ so viel müglich/ zu steuern/ alldieweil dadurch das Hertz geschwächet/ das Gemüth gekränket/ die Phantasie/ und das Gedächtniß/ durch starcke impression mit widerwärtigen und betrübten objectis belästiget/ und der Mensch solcher Massen/ wenn er auch gleich noch gantz gesund ist/ enerviret/ krafftloß gemachet/ und dergleichen hefftige Seuche so dañ auszustehe/ insufficient gemachet wird.

Dahero es dann gar apposité gesaget zu seyn scheinet: Qvod, tempore Pestis, plures feré metu Pestilentiæ & Mortis inficiantur, qvam à contagioso aëre.

So viel nun auch/ Andren Theils/ die innerliche Præservation betrifft/ so beruhet dieselbe darauff/ daß ein und das andere innerliche Mittel/ und dessen rechtmässiger Gebrauch angeführet und benennet werde/ wodurch man sich/ nach GOttes Willen/ auch auff diese Masse vor der Pestilentialischen Seuche præserviren könne.

Und anfänglich zwar so ist es nicht zu läugnen/ daß/ gleich wie zu beobachtung der vorerwehnten äusserlichen Præservation, die Strassen und Gassen der Stadt von allem Unflath gesaubert werden müssen: Also um so viel nöhtiger es sey/ daß/ auch bey der innerlichen Præservation, vor allen Dingen die Primæ, & publicæ Viæ, und die jenigen Oerter menschliches Leibes/ allwo gemeiniglich die meisten/ und schädlichsten Unreinigkeiten enthalten zu seyn pflegen/ so viel müglich/ gereiniget werden/ Alldieweil/ und wenn solches nicht geschiehet/ von dergleichen Unreinigkeit nicht allein

G

lein der Leib beschweret/ sondern auch allerhand davon auff-
steigenden Dünsten der Weg zum Haupt und Hertzen/ ge-
wiesen wird/ ja es wol gar unmöglich scheinen wil/ daß ein
innerlich gebrauchtes præservativ, es sey so köstlich als es wolle bey so gestallten Sachen zu seiner völligen operation ge-
langen könne/ daß es nicht vielmehr/ durch dergleichen Un-
reinigkeit/an seiner Krafft geschwächet/und an seiner Würckung gehindert werde.

Diesem nach ist rathsam/daß man wöchentlich zum wenigsten ein/ wo nicht zweymahl/ die bekannten Pestilential-
Pillen (vulgò Pil. Pestilent. Ruffi) früh ein halb Qvintlein oder
2. Scrupel/oder Elix. prop. mit Rhabarber 40. biß 60. Tropffen in Wermuth-Wein/ oder/ wer sich zumal sonst an die
gebräuchlichen Rosen- oder Franckfurter-Pillen gewöh-
net/ dieselbe seiner Gewohnheit nach/ wöchentlich ein/ oder
2. mahl/einnehmen und gebrauchen vor starcken Purgan-
tien aber sich hüten möge/ die übrigen Tage kan man/ einen
umb den andren/ Elix. prop. vor sich/ oder mit dem dritten
Theil/ oder der Helffte der bekannten Bezor. tinctur. 25. biß
40. Tropffen vermischt/in Wermuth-Wein gebrauchen.

Inmassen dann Niemand/ der es so gut haben kan/ des
Morgens ausgehen soll/ er habe denn ein wenig Suppe/
oder eine Butter-Bamme mit Raute/ oder Wermuth/ und
darauff einen Trunck Cardobenedicten- oder Wermuth-
Wein genossen/ zu welchem Ende auch denen Weinschen-
cken allhier gewisse ingredientia zu einem auff diese intention
zielenden Wermuth-Wein/vorgeschrieben worden.

Wenn nun obbeschriebener massen der Leib offen/ und
rein gehalten wird/ so können alsdann auch nöhtige Alexipharmaca, Bezoardica und wider das Pestilentialische Gifft
dienende Artzneyen gebraucht werden/ als da seynd/ unter
denen Einfachen: Angelickwurtz/Tormentillwurtz/Schwal-
ben-

benwurtz/Schlangen-Mordwurtz/ Diptam/ Raute/ Wermuth/Liebstöckl/ Wacholderbeeren/ rothe Myrrhe/ Zitwer/ Entzian/ꝛc. von welchen man sich eines oder mehr erwehlen/ und solche täglich bey seinen Verrichtungen/ und im ausgehen/im Munde haben/ und sie käuen kan / oder wer da will/ kan 8. biß 10. Wachholderbeer etliche Stunden in Rauten: Scordien: oder Theriacal Essig macerirt oder gebeitzet/ wenn er ausgehet/ einnehmen. Selten aber nüchtern/ und ohne Præservativ, aus und unter die Leute gehen;

Unter dergleichen zur Innerlichen Præservation aber dienlichen Compositis seynd zuförderst sehr bequem einige so genandte Trochisci sublingvales oder sonderliche Küchlein/ deren eines/ oder zwey unter die Zunge genommen/ und also in dem Munde zerlassen werden/ als da seynd/ insonderheit: Trochisci sublingvales Augustanorum Completi, vor Mannes Personen/Incompleti vor Weibs-Personen/ Item, Trochisci oder Küchlein/ so in denen Apothecken exspec: Liberant: gemachet werden/ ingleichē Trochisc. pro Pauperibus August. oder Küchlein vor arme Leute/ wiewohl sie vor Reich und Arm gar gut/ und dienlich seynd/ Item Trochisci ex Balsamo Sulph. D. Sennerti, welche/ ob sie zwar in dem Munde/nicht gar angenehm/ jedennoch/ ihrer Krafft und Tugend nach/ billich hoch zu achten seynd/Nechst diesem seynd auch insonderheit unterschiedliche/ ihrer Krafft nach/ also genandte Antidoti und Alexipharmaca, in denen Apothecken verhanden/ vermittelst deren Gebrauch zu der vorgesetzten Innerlichen Præservation sehr grosse Hoffnung zu machen/ unter welchen vornehmlich die Uhralte sehr herrliche Confection des Theriacks/ und Mithridats ist / von derer vortrefflichen Krafft/ Tugend/ und Würckung in der Pest/ und allen Pestilentialischen Fiebern/ und andern gifftigen Kranckheiten/ schon vor so viel hundert Jahren/ von allen Nationen der Welt so viel begläubgläubter Ruhm verhanden/ daß es/ vor jetzo ein mehrers hinzu zu thun/ vergebens seyn wird.

Von dergleichen Würckung ist auch nicht auszuschliessen/ das viel Jahr bekannte Electuarium de Ovo, oder zumahl seiner äusserlichen Form nach/ das Güldene Ey genañt; wie auch das Diascordium Fracastorii, und das Electuarium Camphoratum Kegleri; Unter welchen das letztere von so hertzlicher Tugend und Würckung gehalten wird/ daß es sowol in der Cur als Præservation der Pest/ keinem eintzigen Antidoto etwas zuvor geben dürffte.

Von diesen oberzehlten hertzlichen Gifft-Artzneyen / und Lattwergen/ kan eine oder zwey/ nach belieben ausgelesen/ insonderheit aber der Theriac, und Keglers Camphor-Lattwerge/ wie auch das Diascordium erwehlet/ und eine um die andere täglich 1. auch wohl 2. mahl/ jedesmahl 2. Messerspitzen / oder einer guten Castanie groß/ vor sich oder in Wein/ oder Cardebenedicten/ oder Scordien Wasser/ umgewechselter Weise/ gebraucht werden.

Bey welchen Alexipharmacis, und Pestilential-Gifft vertreibenden Artzneyen ein gewissenhaffter Medicus wohl zu überlegen hat/ was der alte seelige Sennertus de Præservat. pestilent. p. 441. sehr nachdencklich hiervon erinnert: Cum verò, sagt Er/ omnia illa Alexipharmaca, Experientiâ potius, qvàm Ratione, inventa sint; Nemo suam salutem gloriosis Nonnullorum promissis concredat; Neq; Novis Medicamentis, nisi fidâ Experientiâ anteâ probata sint, facilè fidem adhibeat; sed iis, qvæ diu à multis probata fuere, maximè confidat:

So ists auch zur præservation sehr gut/ daß wenn man aus- und unter die Leute gehen wil/ die Zunge und das Zahnfleisch/ mit einer von itzterwehnten Lattwergen/ oder nur mit Wermuthwein/ oder mit einem von offterwehnten Præservir-Essigen bestrichen/ und gelinde gerieben werde;

In=

verneuerte Pest-Ordnung.

Ingleichen wäre es auch sehr zuträglich/ wenn man wöchentlich ein paar mahl 3. oder 4. Messerspitzen von Theriac, oder Campher-Lattwerge/ vor sich/ und wie sie an sich selbst ist; oder in Wein/ oder in Rauten-Scordien oder Theriacal-Essig zerlassen/ einnehme/ und darauff gelinde schwitzen thäte/ und sich darnach mit einem weissen Hembde/ welches zuvor mit Räucher-Pulver durchräuchert worden/ versehen liesse.

Ob es nun zwar an dem/ daß von dieser vorgeschriebenen Præservation der Pest/ und denen darzu dienlichen Mitteln/ ein weit mehrers hätte angeführet/ und gemeldet werden können / so ist jedoch der Vorsatz und Absehen dahin nicht gerichtet gewesen/ daß dißfalls ex Professo, und als in einem vollständigen Tractat/ etwas geschrieben werden solle/ sondern es ist aus welgemeynter Vorsorge/ nur ein kurtzes Regiment vorgeschrieben worden/ nach welchen sich die Bürgerschafft und sämtlichen Einwohner allhier/ vor und bey einschleichender Pestilentialischen Seuche nur auff gute Vorsorge/ zu richten/ und wie sie sich/ zu ihrer/ und der Ihrigen möglichsten Verwahrung/ vor sich selbst/ und ehe Sie derer Herren Medicorum Rath und Hülffe zu suchen/ von nöthen haben möchten/ und so viel der höchste GOtt/ Gnade und Segen darzu verleihen wird/ dißfalls pflegen/ und verwahren können.

In sonderbarer Betrachtung es am Tage ist / daß/ je mehr und je weitläufftiger/ in dergleichen Regimenten/ von Præservation der Pest geschrieben wird/ je mehr confusion dardurch verursachet / und hingegen/ je weniger der von der Obrigkeit dißfalls vorgesetzte Christliche Zweck erreichet wird/ Indem manche/ aus Simplicität/ und Einfalt/ zumahl denen in dergleichen vorgeschriebenen Regiment befindlichen Recepten also tenaciter zu adhæriren pflegen/ daß Sie vermeynen/ es müsse durchgehends und in allen Dingen

G iij auch

auch ohne Ansehung aller einlauffenden/ und offt sehr considerablen Umstände/ nothwendig also/ und nichts anders gehalten/ und keines Medici Rath/ und Hülffe gesuchet werden/ da doch eine zeitige/ sorgfältige Nachfrage/ und guter Rath/ dießfalls viel Nutzen schaffen könte;

Mancher auch aus Curiosität/ oder so zu sagen/ wohlgemeinten Vorwitz/ ihren Bedüncken nach/ bey dem vorgeschriebenen wohlbedächtigem Regiment/ und wenn zumal demselben allerhand Recepte beygefügt werden/ so viel zu künstlen gedencken/ daß sie eines/ und das andere deren Eigenschafft/ rechten Gebrauch/ und Wirckung sie doch nicht asseqviren/ ihren Gedancken nach/ gar sehr zu verbessern vermeinen: Gemeiniglich aber beyderseits also zu irren/ und anzustossen pflegen/ daß sie zu ihrem selbsteigenen Hinderniß und Schaden/ die so wohl gemeinte Intention, und Absehen eines vorgeschriebenen Regiments/ mehr mißbrauchen/ als dessen eigentliches Absehen erreichen.

Zudem/ so hat ja jedermänniglich allhier die gewünschte Gelegenheit/ so vieler vornehmer Herren Medicorum Raths/ und so wohlbestalter Apothecken/ und verständiger Chirurgorum Hülffe täglich/ und nach belieben sich zu bedienen/ auf den Fall des Unvermögens auch/ sich bey dem bestellten Stadt-Physico, und nechst diesem/ im fall der äussersten Noth/ bey dem verordneten Medico Pestilentiali, Raths und Hülffe zu erholen/ Allermassen dann/ zu solchem Ende/ von ermelten Stadt-Physico, aufferfolgtes Gutachten der löbl. Med. Facultät/ und derer sämtlichen Herren Medicorum allhier/ dergleichen wider diese böse Seuche dienliche Mittel/ und Artzneyen so wohl zur Curation, als præservation in denen Apothecken allezeit frisch und parat zu halten verordnet worden/ daß niemand über einigen Mangel zu klagen/ sondern vielmehr Gott und der Obrigkeit/ darvor zu dancken Ursach haben wird.

Nach=

Verneuerte Pest-Ordnung.

Nachricht/
Wie bey itzigen gefährlichen Zeiten sich jedweder Haußvater mit einer kleinen Hauß-Apothecke und zur præservation dienlichen Mitteln versehen / dadurch vor allerhand Seuche/ da der Allerhöchste ins künfftige dergleichen über uns verhengen möchte/ verwahren/ auch die darbey specificirte Medicamenta gebrauchen könne.

Leipzig.

JESU JUVA!

R. Conserv. acetos. ℥iij.
    fl. Citr.
    tunic.
Diascord. Fracastor. ãã ʒ vj.
Elect. Camphorat. Kegler.
Rad. Scorzon. condit. ãã ℥ß.
Zingib. in Ind. condit. ʒiij.
Syr. e. tot. citr. q. s.
F. l. a. Elect. med. consist.
    S.
Præservativ-Lattwerge vor Hertz/ Frau und Kinder.

* * *

R. Flix. Propr. Par. ℥j.
Tr. Bez. D. Mich. ʒiij.
M. S. Præservativ-Elixir.

* * *

R. Spec. pro trochisc. sublingval.
    Augustan.
    librant. ãã ʒij.
Extr. angel. ʒß.
    Zedoar. ℈j.

Sacchar. in aq. Scorzon. dis. q. s.
F. l. a. Confect. in tot.
    S.
Præservativ-Küchlein vor Hertz/ Frau und Kinder.

* * *

R. Tr. Corall. c. Spir. Cord. C. ℥ß.
    S.
Hertzstärckende Corallen-Tinctur.

* * *

R. Pulver. Montagnan. ℥ß.
    S.
Köstliches Præservativ-Pulver uff etzliche mahl.

* * *

R. Acet. Rutac. ℥ij.
    S.
Rauten-Essig.

* * *

R. Acet. e. tot. Citr. ℥iij.
    s.
Citronen-Essig.

R. Acet.

R. Acet. fl. Sambuc. ℥iij.
S.
Hollunderblüt-Essig.

* * *

R. Acet. fl. tunic. ℥iiij.
S.
Flemischer Nelcken-Essig.

* * *

R. Acet. Rub. Idæi ℥iiij.
S.
Hindbeer-Essig.

* * *

R. Acet. antipestilential. Officinar. ℥iiij.
S.
Sonderlicher Præservativ Essig.

* * *

Conserv. acetos. ℥iiij. Rosar. ℥iß.
Theriac. Diatessar. ℥j.
Andromach. ℥ß.
Rad. angel.
Tormentill. pulverisat. ââ. ℥ij.
consist.
S.
Præservativ-Lattwerge vors Gesinde.

Gebrauch
Derer zur Præservation begehrten Artzneyen.

Die Præservativ Lattwerge vor Herren/ Frau/ und Kinder/ kan täglich 2. mahl genommen werden/ Morgens nehmlich/ und Abends wenn man frühe auf: und Abends zu Bette gehen will; jedesmahl 2. oder 3. Messerspitzen voll; nachdem es das Alter/ und andere Umstände mit sich bringen.

Das Præservativ-Elixir kan wöchentlich 2. mahl des Morgens in Rind-Fleisch- Hüner- oder Biersuppe/ oder in einem Glaß Wermuth-Wein/ 15. biß 30. Tropffen gebrauchet werden.

Die Præservativ-Küchlein vor Herrn/ Frau/ und Kinder/ können/ ohne Unterscheid der Zeit/ des Tages zum öfftern/ eines oder zwey in den Mund genommen/ und biß sie zergehen/ unter der Zunge gehalten werden.

Von der Hertzstärckenden Corallen-Tinctur/ kan Herr und Frau/ die Woche 2. mahl 25. biß 30. Tropffen in einem Glaß Wein/ deß Abends/ wenn sie schlaffen gehen/ einnehmen.

Von

Verneuerte Pest-Ordnung.

Von dem Pulv. Montagn. oder köstl. Præservativ-Pulver uff etzliche mahl/ können Herrn/Frauen/und Kinder/ von einem/biß zwey Scrupel, des Morgens in Hüner- oder Weinsuppe/ des Abends aber in einem Löffel Wein/ und zwar die Woche zweymahl/ oder wie Sie es gut befinden/einnehmen: Von welchem Pulver der alte Hr. Dr. Sennertus Sel. gar merckwürdig gedencket/ daß dessen Author (Montagnana) selbst gerühmet/ daß er niemand an der Pest sterben sehen/ welcher es gebrauchet hätte.

Die namhafft gemachte unterschiedliche Essige können im Hause gehalten/ und abgewechselter Weise/ innerlich/ und äusserlich gebrauchet werden. Eusserlich können die Schläffe/ Stirn/ Nase und Puls darmit angestrichen werden/ innerlich aber zuweiln ein halber oder gantzer Löffel/ darnach es die Umstände erfordern/ eingenommen werden.

So können auch erwehnte Essig/ und bevoraus der also genannte sonderliche Præservativ-Essig/(welcher in denen Apothecken zu befinden) insonderheit zu denen Schwämmen in denen Höltzern Riechknöpffen gebrauchet werden.

Die andere Præservativ-Latwerge kan denen Dienstboten täglich zu ein oder zwey Messerspitzen Morgens/ Abends/ und wenn es von nöhten/eingegeben/ auch die Essige/ wie oben erwehnet/ und was sonsten in dem gedruckten Regiment vorgeschrieben worden / nach Nothdurfft adhibiret werden.

Wolte man auch gern einen Balsam haben/ welchen man täglich bey sich tragen/ und nach Nothdurfft gebrauchen könte / so wäre Nachfolgender nicht unräthig.

 Rec. Ol. Scorpion. Magn. Matth. ℈j.
  angel.
  rut. āā. g. xv.
  Citr. ℈ß.
  Camphor. g. vij.
 Corp. pro Bals. q. s.
 F. l. a. Bals. S.
  Præservativ-Balsam.

Damit man auch/ auff allen Nothfall/ und zumahl bey Nacht/ oder wenn sonst der Medicus nicht alsobald zu haben wäre/ und sich einige indisposition und Unpäßlichkeit / insonderheit am Hertze und Haupt mercken liesse/ verwahret und versehen seyn möge/ So ist wohl in acht zu nehmen/ daß man darbey ja nicht sicher seyn/ oder mit den bekanten gefährlichen

chen Zusehen der Contagion die geringste Zeit und Raum lassen / sondern alsobald / und in dem Augenblick / da man sich (bey dergleichen Läufften) nicht wohl befindet / etwas einnehmen solle / zu welchem Ende man / ohnmaßgeblich / dieses Pulver allezeit an der Hand / und in Vorrath haben kan:

  Rec. Pulv. Alexipharm. Montagnan. ℈ß.
   Bez. D. Senn.
   Pannon. rub.
  Lap. Bez. Occident. āā. gr. vj.
  M. S. Hertzpulver auffn Nothfall.

Solch Pulver muß man alsobald in Scordien-Hollunderblüth- oder Hirschhertz-Wasser ꝛc. einnehmen / sich in ein absonderlich Bette legen / und schwitzen / in wehrendem Schweiß aber zuweilen einen halben Löffel voll Citronen: (Syr. Citr. è Toto.) sauren Granaten- oder Hindbeersafft ꝛc. zur Erfrischung nehmen.

Nach dem Schweiß aber einander mit Räucher-Pulver durchräuchertes Hembde anziehen und sich in ein ander Bette legen / und ein Löffel 3. oder 4. gute Suppe geniessen; Auch wol darauff ein paar gute Messerspitzen von der verordneten Præservativ-Lattwerge gebrauchen / und sodann ferner des Herrn Medici Raths sich bey zeit bedienen.

Wolte man auch / zu dergleichen Zeiten / an einem absonderlichen Orte / Kammer / oder Stube / ein sonderliches Bette zum Schwitzen halten / könte es auch nicht schaden / zumahl wenn das Bettgeräthe / nach dem Schweiß / stracks abgezogen / auff den Boden in die Lufft gehangen / und bald wieder gewaschen würde.

Bey diesen allen aber ist wohlmeinend zu erinnern / daß bey dem Gebrauch derer wider die Contagion dienlichen Artzneyen / man ja nicht vornemlich auff die Annemligkeit derselben / es sey am Geruch / oder Geschmack / und Lieblichkeit / sondern vielmehr auff die Haupt-Intention / (nemlich sich vor der Contagion zu præserviren) sehen solle.

Wornach ein jedweder seinen Herrn Medicum ordinarium dißfalls consuliren / und die Vermehrung und Verbesserung vorerwehnter Præservativen von demselben gewärtig seyn kan.

  Der höchste GOTT aber wolle sich dieser gantzen Commun in Gnaden erbarmen / und alles Unglück und schädliche Contagion, seiner Barmhertzigkeit nach / abwenden!

Verzeichniß und Tax

Derer jenigen Artzneyen / welche bey itzigen gefährlichen Läufften / zu guter Vorsorge / frisch zu verfertigen / und in gnugsamer Quantität in denen Officinen allhier / zu halten / verordnet worden:

Aceta, oder Essige.

Composita, oder die von vielerley Ingredientien und speciebus gemacht seynd.

	thl.	gr.	pf.
Acet. Thuriacal. augustanor. oder sonderl. Gifft-Essig. 1. Loth		1	

Simplicia, oder einfache zu gefährlichen Zeiten dienliche Essige.

	thl.	gr.	pf.
Acet. Citr. è Toto, Citronen-Essig von der gantzen Citrone.			6
Rosarum, Rosen-Essig.			3
Rub. Idæi, Himbeer-Essig.			3
Rutac. Rauten-Essig.			3
Scord. è fol. Scordien-Essig.			3

Aqvæ.

Compositæ, oder köstliche Wasser / so von vielerley Ingredientien gemacht seynd.

	thl.	gr.	pf.
Aq. Bardanæ Comp. c. Camphor. 1. Untz		2	
Carfuncul. Hertz-Carfunckelwasser mit Moscho.		2	6
ohne Moscho.		2	
Cordial. saxon. Hertzstärckend Wasser.		2	
Cord. Cerv. Hirschhertz-Wasser.		2	
Theriacal. August. Theriacal- oder Gifft-Wasser.		2	

Simplices, oder einfache gebrante Wasser.

	thl.	gr.	pf.
Aq. Galegæ, Fleckenkraut-Wasser.			3
Scordii, Scordien-Wasser.			4
Scorzoner, Schlangenmord-Wasser.			3
Tormentill, Tormentill-Wasser.			3

Condita, oder eingemachte Sachen.

	thl.	gr.	pf.
Cortic. Aurant. Condit. Eingemachte Pomerantzenschale.		1	
Citr. Condit. Eingemachte Citronenschalen.		1	
Flores Aurant. Condit. eingemachte Pomerantzenblüthen.		4	
Citr. Condit. eingemachte Citronenblüthen.		4	
Nuces Juglandes Condit. eingemachte Welschenüsse.		1	
Radic. scorzon. cond. eingemachte Schlangenmordwurtz.		1	6
Zingib. in Ind. condit. eingemachter Indianischer Ingber.		2	

Confectiones.

	thl.	gr.	pf.
Confectio Alchermes. Completa, mit Abra und Mosch j. Untz.	1		
Incompleta, ohne Ambra und Mosch.		16	

Conservæ.

	thl.	gr.	pf.
Conserva Acetosæ, Saurampffer-Zucker.		1	
Acetosell. Sauerklee-Zucker.		2	
Aurant. flor. Pomerantzenblüth-Zucker.		2	
Citr. flor. Citronenblüth-Zucker.		2	
è Citro Toto, Citronen-Zucker/aus der gantzen Citrone.		2	
Rosar. Rosen-Zucker.		2	
Tunic. Neglintblümlein-Zucker.		2	

Electuaria & Antidoti.
Oder:
Sonderliche Gifftvertreibende Lattwergen.

	thl.	gr.	pf.
Electuarium Camphorat. Kegleri, Dr. Keglers Campher-Lattwerge.		16	
Diascord. Fracast. Scordien-Lattwerge.		6	
Nucum, Nuß-Lattwerge.		2	
de Ovo, das güldene Ey genant.		12	
Mithridatium Damocratis, der beste Mithridat.		6	
Theriaca Andromachi, der beste Theriac.		6	

Dia-

verneuerte Pest-Ordnung. 61

	thl.	gr.	pf.
Diatessaron, gemeiner Theriac.		2	

Emplastra.

		thl.	gr.	pf.
Emplastr. ad Bubones Sennert, oder Gifft ausziehendes Drüsen-Pflaster/	j. Untz		2	
Diachil. c. gum. Erweichungs-und maturier-Pflaster/			2	
de Fulligin. Aug. Sonderliches Drüsen- und Carfuncul-Pflaster/			2	
Magnetis Arsenical. Sonderliches Gifft ausziehende/ und heilende Carfuncul-Pflaster/			2	
Vesicatorium Aug. Sonderliches Blasenziehende Pflaster.			2	

Elixiria, Essentiæ, & cognata alia.
Oder:
Elixire/ Essentien/ Tincturen/ Mixturen/ und dergleichen.

		thl.	gr.	pf.
Elixir. Pestil. Croll. Gifft-Elixir Crollii,	j. Loth		12	
Proprietat. c. Rhab. Elixir Propr. mit Rhabarber.			8	
s. Rhab. Elixir Propr. ohne Rhabarber/			6	
Essentia Viperarum, Viper-Essentz/			16	
Tinctura Bezoardica. D. Michaelis, D. Michels Bezoar-Tinctur.			12	
Tinctur. Corallior. c. Spir. Cord. c. D. Michels-Corallen-Tinctur mit dem Spir. vom Hirschhertz	j. Loth.		21	
Mixtura Simplex, Gifft-Mixtur.	j. qvintl.		2	

Extracta:

		thl.	gr.	pf.
Extractum Angelicæ, Angelicken-Extract,	j. qvintl.			3
Baccarum Juniperi, Wacholderbeer-Extract,			2	
Scordii, Scordien-Extract,			3	
Tormentillæ, Tormentill-Extract,			3	
Zedoariæ, Zittber-Extract,			8	

H 3   Olea

Olea & Balsama,
Diſtillirte Oele und Balſame.

	thl.	gr.	pf.
Ol. Angelicæ, Angelicken-Oel/ 1. quintl.		12	
Baccar. Juniperi, Wacholderbeer-Oel/		2	
Camphoræ, Campffer-Oel.		12	
Ol. Caryophyl. aromat. Würtzneglein-Oel/		12	
Cinamomi, Zimmet-Oel/		18	
Citri, Citronen-Oel/		6	
Scorpionum Simpl. einfach Scorpion-Oel/ 1. Loth		2	
Compoſ. Magnum Matth.		6	
Succini alb. Agdſtein-Oel.			
Balſamum Arboris Vitæ ſ. linimentum Salutis,			
Köſtlicher heilſamer Gifft-Balſam 1. quintl.		8	
Loimicum, köſtlicher Peſt Balſam D. Heniſii.		8	

Pulveres, & Cognata alia.
Pulver/ und was darunter gehöret.

	thl.	gr.	pf.
Pulvis Alexipharmacus Montagnanæ. köſtl. Præſervat.			
Pulver vor die Peſt/ 1. quintl.		3	
Bezoardic. D. Senn. D. Sennerts Bezoar-Pulv.		10	
Contra Peſtem Cæſaris Auguſt. ſonderl. Peſt Pul.		3	
Rub. Pannonicus, Roth Præſervativ-Pulver/		3	
Wienenſium Præſervativ, Wiener Præſervativ-Pulver.		3	
Antimon. Diaphoret. Schweiß-Pulver/		3	
Bezoard. Mineral. Simpl. Mineraliſch Bezoar-Pulver/		8	
Solore, Gold Bezoar-Pulver/ 1. Gran			9
Flor. Sulphur. Simpl. Einfache Schwefel-Blume/1. quint.		2	
Myrrhat. Schwefel-Blumen mit Myrrhen.		4	
Lap. Bezoar. Occident. Occident. Bezoar/ 1. Gran		6	
Oriental. Orient. Bezoar.		1	
Magiſt. Spinar. Viper. köſtlich Pulver von Vipern/1. quintl.		12	
Sal. Viperarum, Saltz von Vipern/ 1. Gran		6	

C. C.

Verneuerte Pest-Ordnung.

	thl.	gr.	pf.
C.C. Volat. Flüchtig Hirsch-Horn Saltz j.qvintl.		12	
Species zum Eßfft/ oder Præservativ-Essig/ j.Loth.		1	
Suffimentum de Corn. Caprin. Mynsychti, sonderlich Räucher-Pulver.		2	
Unicornu fossile, Einhorn aus der Erde gegrabe 1.qvintl.		6	
Verum, gut Einhorn/ j.Gran			3

Spiritus.

Spiritus Baecarum Junip. Wacholderbeern Spiritus j.Loth		1	
Sambuc. Hollunderbeeren Spiritus,		2	
Tartari Weinstein Spiritus,		4	
Theriacal. Camphorat.			
Theriacal Spiritus mit Campher.		4	

Syrupi.

Syrupus acetosæ ex succ. Sauerampffer-Syrup/ j.Loth		6	
Acetosell. Sauerklee-Syrup/		8	
Acetasitat. Citr. Syrup von sauern Citrone-Safft/		1	
Citr. è Toto, Syrup aus dem gantzen Citronen-Apffel gemacht/		1	6
Corall. qvercetan. Corallen-Syrup/		2	
Granator. acid. Sauer Granaten-Syrup/		2	
Rub. Idæi, Himbeer-Syrup/			8
Scordii ex succ. Syrup von Scordien-Safft/			8
Flor. Tunic. Flemischer Nelcken-Syrup/		1	

Trochisci sublingvales, & alii, oder Küchlein; Unter der Zunge/wie auch zum räuchern/und sonsten zu gebrauchen.

Trochisci ex Balsamo Sulphur. D.Senn. D. Sennerts Schwefel-Küchlein j.Loth		2	
ex Spec. Liberant. Aug. Liberants Küchlein complet.		2	
in complet.		1	6

Fumales

Fumales D. Senn. Räucher-Küchlein/
de Viperâ, Viper-Küchlein/   j. qvintl. | thl. gr. pf. | 1 | 12 |

Vinum Abſynthites
Præſervativum pro familiâ.

* * *

R. fol. & ſummit. abſynth. ℔j.
    Herb. Card. benedict.
    fol. & ſummit. Rut.
    Scord. ãã ℔ß.
Rad. Angel.
    Pimpinell. ãã ʒiij.
Flaved. Citr. recent. ʒvj.
Conciſ. c. m. S.

Species pro Vino Abſynthit. Præſervatio.
Oder:
Sonderlicher Wermuth-Wein zur Præſervation
vors Hauß.

* * *

R.   Wermuth-Blätter und Knoſpen ℔j.
    Cardobenedicten.
    Rauten-Blätter und Knoſpen.
    Scordien-Blätter/ jedes ½℔.
    Angelicken-Wurtzel.
    Bibernell-Wurtzel jedes 3. Untzen.
    Friſche gelbe Citronen-Schalen ½℔.

Schneide alles klein/ miſche es untereinander/ ſo haſtu die Species zum Præſervativ Wermuth-Wein/ welche man entweder vor ſich/ oder in einem von weiſſer Leinwad gemachten Sacke/ in ein Väßlein/ von 30. in 40. Kannen Francken-oder guten Landwein thun/ und 14. Tage/ oder länger ſtehen laſſen kan.

Wir

verneuerte Pest-Ordnung.

WIr Bürgermeister und Rath der Stadt Leipzig thun hiermit kund / Nachdem jedermänniglich bewust / und leider! mehr / als zu viel am Tage lieget / Was massen der allgewaltige GOtt / nach seinem gerechten Gerichte / unterschiedliche benachbarte Orte mit der grausamen Plage der Pestilentz geraume Zeit her jämmerlich heimgesuchet / solch Ubel auch noch immerdar sich mehr und mehr ausbreitet / Als haben dannenhero Wir hohe Ursache in uns zu gehen / und durch wahre hertzliche Reue / ernste Besserung des von eines jeden eigenen Gewissen gnugsam bezeugten sündigen Lebens / auch demütige Abbitte / dem erzürneten GOtt in die Ruthe zu fallen / und Jhn / daß er sein Rachschwert nicht auch zu uns eindringen lassen / sondern umb Christi theuren Gnugthuung willen unser verschonen wolle / mit Thränen anzuflehen / inmassen Wir unsere Bürger und Einwohner ernstlich darzu / und daß sie nicht allein des Sonntags / sondern auch in der Woche / die Predigten / ingleichen die Betstunden / fleissiger als biß anhero geschehen / mit heiliger inbrünstiger Andacht besuchen sollen / hiermit ermahnet haben wollen. Demnach aber dißfalls nechst denen geistlichen Mitteln / die leibliche Vorsorge nicht gäntzlich hindan zusetzen / So haben Wir / aus tragender treuen Sorgfalt / auff alle künfftige Fälle gewisse Ordnungen gestellet / und selbige durch öffentlichen Druck publiciret / darauf Wir denn einen jeden hiermit nochmahls weisen. Alldieweil denn auch unter andern vornehmlich dahin zu sehen / wie die Lufft vor aller Fäulniß und schädlichen Gestanck rein behalten werden möge / Als verordnen Wir hiermit / daß

1. Ein jeder Haußwirth die Anstalt machen solle / damit es in seinem Hause durchgehends reinlich und sauber

seyn/ alle das jenige/ wodurch übler Geruch und ungesunde Dünst verursachet werden kan/ als Mist/ alt zusammen gehäufft Kericht/ insonderheit wenn die Spühlichtgelten darzu gossen werden/ und ander Unflath/ hinaus geschaffet/ und die Zimmer/ wie nicht weniger die Gossen vor eines jeden Thüre/ und das Gerinne/ in und vor denen Häusern und auff der Gasse/ täglich wohl gesaubert und ausgeräumet werden/ das Ausgiessen aber aus denen Fenstern so Tags als Nachts gäntzlich nachbleiben möge. Damit auch wegen Wegbringung des Mists und Kehrichts niemand sich zu beschweren habe/ So sind auff des Durchläuchtigsten Churfürsten zu Sachsen/ und Burggrafens zu Magdeburg/ ꝛc. Unsers gnädigsten Herrn ꝛc. ausdrücklichen gnädigsten Befehl/ von uns gewisse Kärner bestellet/ welche täglich durch alle grosse und kleine Gassen der Stadt fahren/ allen darinne befindlichen zusammen geschütteten und gekehrten Unflat auffladen/ und ausser der Stadt an darzu angewiesene Oerter führen sollen/ Dahero ein jeder sein Gesinde dahin anzuhalten/ daß/ wenn sie berührte Karn durch die Gasse fahren/ das Kehricht aus denen Häusern tragen/ damit es also mit auffgeladen werde. Und weil denn solche Karn eintzig und allein zu gemeiner Stadt und eines jeden privati Nutzen gehalten werden/ So hat höchstgedachte Churfürstl. Durchl. gnädigst anzubefehlen geruhet/ daß das hiesigen Orts gewöhnliche Opffer- und Wächtergeld bey einem jedweden verdoppelt/ und davon/ so weit es zureichet/ solch Bedürffniß genommen werden solle; Die übrigen Kosten aber/ so dißfalls erfordert werden/ wollen Wir selbst beytragen/ welches Wir Krafft dieses zu männigliches Wissenschafft zu bringen der Nothdurfft erachtet/ worbey jedoch zu erinnern/ daß die jenigen/ so bauen/ den dannenhero rührenden Schut selbsten wegzuschaffen haben.

Hier-

Hiernechst und II. ist bekant/ daß wenn viel Haußgenossen und Gesinde in einem Hause wohnen/ dadurch zum öfftern Kranckheiten und allerhand höchstschädlich Ungemach entstehet; Wird derowegen jedweder/ zu seinem und der Seinen eigenen besten/ bedacht seyn/ daß er nicht zu viel Miethleute einnehme/ sondern vielmehr der übrigen sich befreye.

III. Hat man öffters befunden/ daß die leidige Contagion durch alte Kleider/ wie auch durch Geräthe/ Betten und dergleichen auff andere fortgebracht worden. Diesen allen nun/ so viel müglich/ vorzubauen/ verordnen Wir Krafft dieses/ daß alle Kleider-Tredeley/ so wohl öffentlich auff denen Gassen/ als durch das hausiren tragen/ von dato an/ biß auff anderweite Zulassung/ gänzlich eingestellet bleiben solle/ bey Vermeidung ernster Bestraffung.

Es bezeuget auch IV. die Erfahrung/ daß wenn GOtt einen Ort mit dergleichen Straffe beleget/ alsdann die Zufuhre vom Lande sich alsofort abschneidet/ und hernach die Einwohner vielmahl grossen Mangel an Victualien empfinden/ demnach soll ein jeder vermahnet seyn/ sich mit Getreydig/ Mehle/ Butter/ Holtze/ Saltz/ und anderer unentbehrlicher Nothdurfft/ zum wenigsten auff ein Jahr vor seine Haußhaltung in Zeiten zu versehen.

Nachdem V. viel Leute/ wenn jemand der Jhrigen verstorben/ theils zur Pracht/ theils aus andern Ursachen/ die Leichen ziemlich lange in denen Häusern zu behalten/ öffentlich zur Schau auszusetzen/ und damit ihre Hoffart zu treiben/ keine Scheu tragen/ solch Beginnen aber vor unrecht/ böse und unchristlich/ wegen des Schadens/ so ihnen selbst/ denen Jhrigen und andern daraus entspringen kan/ billich zu achten: Als ordnen Wir hiermit/ daß ein jeder seine Todten/ so bald immer möglich/ unter die Erde schaffen/ und durchaus nicht/ wie biß anhero geschehen/ am wenigsten aber zu der Zeit/ wann die Trauerleute sich allbereit samlen / zur Schau aussetzen/ auch über zwey Nächte nicht in Häusern behalten/ sondern/ wann ein und des andern mit einlauffenden Umbstandes halber / zur ordentlichen Bestattung so bald nicht zugelangen / so dann/ jedoch ohne Ceremonien/ beysetzen/ und hernach ein gewöhnliches Begängniß halten solle/ damit widrigen Falls Wir dieselbe wegtragen zu lassen/ nicht bewogen werden mögen.

Wie denn VI. jeglicher Haußwirth sein Gesinde und Kinder mit Ernst abhalten wird/ daß sie nicht zu denen auffgedeckten Leichen in die Häuser/ oder an die Gräber lauffen/ und dergestalt sich und andere nicht muthwillig in Schrecken und Gefahr setzen/ Allermassen Wir die Verordnung gethan/ daß die jenigen/ so darwider handeln/ durch die Stadt-Knechte hinweg genommen/ und folgends gebührend bestraffet werden sollen. Gleich wie nun solche Verordnungen zu gemeiner Stadt und eines jeden eigenen Besten angesehen; Als sind Wir der Zuversicht/ es werden Unsere Bürger und Einwohner von Ihnen selbst/ in diesen und andern Stücken/ sich sorgfältig/ fleissig und gehorsam erweisen/ und durch widrige Bezeugung zu nachdrücklicher Bestraffung nicht Ursach geben. Urkündlich haben Wir Unser gewöhnlich Stadt-Secret anher auffdrücken lassen. Signatum Leipzig/ den 10. Julii/ Anno 1680.

Drey
Ihrer sonderbahren Tugendhalben
unschätzbare
REMEDIA
wider die
Pestilentz
Höchstheilsamlich zu gebrauchen / welches
von so viel tausend Menschen probiert worden /
wie der nachgesetzte Bericht lehret;
Jedermänniglich zum besten offenbahret
von
W. D. S.

Das Erste ist ein Præservativ.

Jenet wider alle besorgende gifftige Infection und Pestilentz / vermittelst welches Anno 1534. zu Venedig in Italien in dem grossen Sterben viel tausend Menschen durch Gottes Gnade errettet und erhalten worden sind. Des Jahres über zur Noth nur einmahl zugebrauchen.

℞. 2. Loth Wermuth /
3. Loth Creutz-Salbey /
3. Loth Raute /
3. Loth Myrrhen /

Diese Kräuter / wann sie noch frisch und grün sind / wasche in einem Wasser fein sauber ab / Zerstosse sie alsdann in einen Mörser mit einander / daß es Safft gebe / nimb darnach ein Nössel des besten Wein-Essigs / geuß solches drunter / und lasse so dann die Materie zusammen eine Nacht in den Mörser wohl zugedeckt und verkleibt stehen / nechsten Morgens aber

aber seige alles ab in einen neuen verglasurten und zuvor wohl ausgebrüten Hafen oder Topffe. Thue darnach hierzu ferner 2. Loth Olßnitzwurtzel / so zuvor pulverisirt worden / und so dann siede * den Safft damit in dem Verglasurten und mit Thon wohlverkleibten Topff / damit es nicht verrieche / noch der Brasen heraus gehe / nachgehends thue ihn von dem Feur / lasse ihn eine Nacht also verkleibet stehen / biß die Materie erkühlet / des andern Morgens seuge solche durch ein rein Tüchlein ab in ein Glaß / so ists gut / und zum heilsamen Gebrauch gantz fertig.

Hiervon nun trinck 4. Morgen nach einander / jedesmahl einen Löffel voll mit gutem Venedischen Theriack einer Erbsen groß darinn zerrühret / und zwar darffstu solches jährlichen zur solchen gefährlichen Zeiten nur einmahl thun / so bistu ein gantz Jahr frey von der Pest / und allen andern ansteckenden gifftigen Kranckheiten.

Were aber ein Mensch / er sey jung oder alt / bereits von der Pest oder sonst einer andern hitzigen und gifftigen Kranckheit befallen / und litte deßwegen gefährlichen Anstoß / der nehme so balden vier Morgen nach einander / jeden Morgen vier Löffel voll / und auch jedesmahl so viel Theriack als vier Erbsen groß seyn mögen / von diesem præparirten Safft oder Præservativ zu sich / jedoch in einen silbern oder zinnern Löffel / lege sich darauff nieder / und schwitze wohl / (jedoch fastend und unschlaffend) vier Stunden lang. Nach Verfliessung solcher Zeit truckne er den Schweiß wohl von seinem Leibe / und ziehe so dann ein weisses mit guten Räuchwerck durchaus geräuchertes Hembd an / und lasse sich endlich im Nahmen Gottes darauff die Median Ader schlagen / so wird / ob Gott wil / dem Patienten gantz geholffen seyn.

* Wann der Safft gesotten werden soll mit der pulverisirten Olßnitzwurtzel / so mustu solchen nur halb einsieden lassen / welches zu erfahren also muß verfahren werden: Nimb 2. Stürtzen oder Deckel / lege eine inwarts auff den Topff /

Topff/ bohre ein Löchlein in die Stürtze/ durch welches du vermittelst eines hereingesteckten Höltzleins die Masse/ ob es bald halb neingesotten sey/ nehmen und erfahren kanst. Uber diese Stürtze decke eine andere Stürtze/ jedoch daß solche recht behöriger massen auffgelegt werden/ welche beede du sodann auffs beste du mit Thon verkleiben/ und damit obbedeuteter massen verfahren kanst/ ꝛc.

Wann du nun vorgemeldten Safft/ wie du gelehret worden/ recht zubereitet hast/ und es in ein Glaß verwahrsamlich auffheben wilst/ so verstopffe das Glaß mit Wachs oben gantz feste/ so wird die Krafft erhalten/ und kan man ihn von Jahr zu Jahr in vorfallenden Nöhten gebrauchen/ biß wieder Kräuter kommen/ doch rahte ich dir getreulich/ gebrauche es in der Zeit/ und dancke GOtt!

Das andere die Pest zu curiren.

Von Capt. Willis zu London in Engeland in den jüngsten Sterben umbs Jahr Christi 1666. jederzeit Glücklich angebracht.

R. Wermuth-Wasser   ⎫ jedes ein
   Malvasier oder des besten Span. Weins   ⎬ Nössel.
   Venedischen Theriac ʒj
   Carthaunen Pulver eine Handvoll klein gerieben/

Mische solches alles wohl untereinander/ gib davon einem Manns-Person 4. Löffel voll/ einer Weibs-Person 3. Löffel voll/ und einem Kinde nach gelegenheit 1. oder 2. Löffel voll ein/ laß den Patienten drey Stunden lang wohl darauff schwitzen/ und sich bey dem Schweiß/ wie bräuchlich und obgedacht/ wohl in acht nehmen/ es dürffte wol etwas schmertzen/ oder Geschwulst verursachen/ es wird aber doch drauff mit der Hülffe Gottes erwündschte Besserung und gute Gesundheit erfolgen.   Dancke GOtt!

Das dritte ist ein præparirter Gifft-Eſſig/ Mit welchem ein berühmter Medicus in groß Pohlen ſich und viel 100. Menſchen in unterſchiedlichen Peſtläufften gar glücklich præſerviret und erhalten hat.

℞ Friſch geſchnittener Rauten 4. Hand voll/ Scordien oder Lachenknoblauch halb ſo viel/ Thue ſie in einen halben Topff guten Weineſſig/ und ſchneide noch darzu 2. oder 3. friſche Citronen ſtückweiſe hinein/ ſo haſtu einen bewehrten Gifft-Eſſig/ wovon du täglich oder zum öfftern 1. oder 2. Löffel voll/ entweder allein/ oder wann du irgend darauff ſchwitzen wilſt/ von einem Præſervativ-Lattwerg ein paar Meſſerſpitzen/ oder von dem rothen Peſt-oder Gifftpulver/ ſonſt pulvis Alexipharmacus Montagnanæ genand/ halb biß 1. qvintl. darinnen einnehmen und gebrauchen kanſt. Dancke GOTT!

Bericht.

Als im Jahr Chriſti 1534. zu Benedig eine ſo grauſame Peſtilentz regieret/ daß auch die Leute/ ſo beyſammen in Geſellſchafft geſtanden/ und mit einander geredet haben/ gähling niedergefallen und geſtorben/ iſt das obbeſchriebene erſte Præſervativ ſo des Jahrs nur einmahl gebraucht werden kan/ von 2. armen Stud. wie glaubwürdig berichtet wird/ ohne zweiffel aus ſonderbarer göttlicher Eingebung erfunden/ und an viel 1000. Menſchen gantz heilſamlichſt probieret worden. So hat auch benebſt andern vortrefflichen und heilſamen Mitteln ein Engelländiſcher berühmter Medicus ſich inſonderheit dieſes Recep. nicht allein in obbemelten groſſen Sterben zu Londen/ ſondern auch noch in jüngſter in Braband vor wenig Jahren regierender Peſt/ wie er es ſelbſten gerühmet/ und ſeiner überaus glücklichen Curen halber groſſe renomeé überkommen und erworbẽ: Dahero dieſes Secretum billig als eine ſonderbahre unverdiente Gnade Gottes zu achten/ und mit höchſten Danck zu erkennen und anzunehmen iſt.

GOtt allein die Ehre!

Anhang

Anhang
Gewisser in Pest-Gefährligkeiten nützlicher Verbindungs-Articul.

1.

Soll sich eine Gesellschafft vertraulicher Freunde zusammen schlagen/ von 10. 12. oder mehr Personen/ welche sich alle unter einander bey GOtt dem Allmächtigen zum treulichsten verbinden sollen/ vor einander Vorsorge zu tragen/ und zu dem Ende sich nicht allein vor Ihr Hauß mit Speiß und Tranck/ so wohl mit Artzeney/ die Hn. Doctor. N. N. nach eines jeden Constitution auff Begehren zuverordnen schuldig seyn wil/ zum möglichsten versehen/ sondern auff eine gute Zeitlang anschaffen/ ihren Nechsten auff begebenen Fall zu succurriren.

2.

Solche Persohnen sollen gehalten seyn einen gewissen Mann zu besolden/ auch dießfalls zu vereyden zu lassen/ daß er den jenigen/ so unter ihnen nach Gottes Willen mit der Seuche würde befallen/ oder auch deßhalben verschlossen werden/ des Tages zum wenigsten 4. mahl/ als früh umb 5. Uhr/ Mittags umb 12/ nachgehends umb 4. und des Abends umb 8. Uhr/ fleissig von ferne zusprechen/ und ob Ihm an Speiß und Tranck/ Artzeney und andern Dingen etwas

was mangele/ auch wie man sich sonsten befinde/ erkundigen/ und jedermahl dem zu solcher Zeit verhandenen Inspectori relation thun solle/ als zu dessen Besoldung ein jeder bey Vollziehung dieses 2. Rthl. gleich baar zu erlegen/ und wenn nichts mehr in Fisco verhanden/ mit so viel/ oder wie es vor gut befunden werden wird/ zu continuiren schuldig seyn wil.

3.

So bald nun von einem oder dem andern aus dem Consortio dergleichen vermercket wird/ sol jeder gehalten seyn/ dem Verschlossenen in seiner Noth zu succuriren/ zum Exempel alsbald vor sich bey dem Becker backen zu lassen/ und das Brodt/ jedoch auff ein intervallum loci durch seine eigene Leute lassen zuführen/ da denn hernach die von E. E. Rathe dazu verordnete Personen es abholen/ und dem Patienten zubringen sollen/ oder auch im Mangel der vom Rath angenommenen Personen/ durch den von der Compagnie bestellten Mann/ es überbracht werden soll/ welches umb so viel desto nöhtiger zu seyn scheinet/ dieweil die Becker das Mehl aus einem inficirten Hause nicht würden annehmen/ könte auch ein jeder/ dessen Gebäude solche zuliesse/ einen Backofen in seinem Hause sich zubereiten lassen/ damit im Fall man auch keinen Becker haben könte/ massen die Seuche solche Leute auch angreiffen möchte/ Er auff dem äussersten Nothfall/ seinen Nechsten hiermit zu Hülffe kommen könte/ und dergleichen auch von einem andern zur Zeit der Noth gewärtig seyn möge/ dieweil in in inficirten Häusern selbst in dem das malum nach warmen Brodt zu ziehen soll/sichs nicht wohl backen läst. Also soll auch einer dem andern mit Geträncke/ und Artzneyen hülfflich seyn/ und solches auff ein gewisses intervallum loci zu fernerer Abholung überliefern.

4.

Damit man auch wissen könne/ ob der inficirte oder Verschlossene solches zu recht bekommen habe/ soll jedesmahl der so die Inspection hat/ zu dem jenigen/ welches in dergleichen Hause geschicket werden soll/ einen Zettel ausfertigen/ und darauff schreiben/ was und wie viel dem inficirten ein oder andermahl geschicket worden/ damit dieser auch nach erhaltenen Zettel sein Zeichen/ und daß er alles nach seinem Vergnügen erhalten habe/ geben könne/ allermassen deñ solch Zeichen in grüner Farbe vor das Fenster gestecket bestehen/ und vom Inspectore selbst darnach gesehen werden soll.

5.

Auff daß aber in solchen wohlgemeinten Consortio, nicht Confusion einreissen möge/ soll ein jeder nach der reihe und wie das Loß (so darumb bey Vollziehung dieses geworffen/ auch wie diese Handlung unterschrieben worden/ und seyn wird) gefallen/ vier Tage lang die Inspection, und Hauptsorge vor Victualien/ Artzeneyen/ und anderer Bedürffniß auff sich haben/ und selbige Inhalts vorherstehenden Puncts liefern lassen/ auch nach geschehener Lieferung/ob der inficirte das beschriebene Zeichen ausgestecket haben wird/

wird/nachsehen/ da ihnen aber die Lieferung alleine zu thun zu schwer fiele/ solches denen übrigen alsobald andeuten/ und deren Beyhülffe gewärtig seyn.

6.

Darmit auch das schändliche Verschleppen und stehlen unterbleibe/ soll ein jeder bey Zeiten Ihm ein besonders Logament in seine Behausung ersehen/ darinnen er seine besten mobilien und was ihme lieb/ wol verwahre/ und verschliesse/ und nur so viel umb sich behalte/ als er auff eine gute Zeit darmit gedencket auszukommen/ wie dann auch eine kleine dispositionem mortis causæ, oder Testament/ nebst einem Inventario der verschlossenen Sachen auffsetzen/ und solchen Auffsatz seinen verschlossenen mobilibus beyfügen/ auch da er vermercket/ daß niemand mehr im Hause/ der solcher Verwahrung ob seyn könte/ bey guter Zeit den Schlüssel des verschlossenen Behaltnüsses dem Inspectori überschicken/ immassen dieser solchen anzunehmen schuldig ist. So sol auch denen Wärterinnen zur Nachricht gegeben werden/ daß wo sie sich treu und fleissig bezeigen/ Ihnen eine gute Verehrung/ womit sie im Testament zu versehen werden solle/ wo sie aber etwas verschleppen würden/ daß sie dann nicht allein nichtes bekommen / sondern auch vom gantzen Consortio zu ernster Straffe durch die Obrigkeit sollen gezogen werden / immassen aller Vorraht allbereit auffgezeichnet sey/ und das gantze Consortium davon Nachricht haben.

7. Wann

7.

Wañ durch des Höchsten Verhängniß aus einem Hause Mann und Weib verstorben/ und lauter unmündige Kinder noch verhanden/ so soll der Inspector jedesmahl acht haben/und darauff bedacht seyn/ wie die von dem verstorbenen innen gehabten Logimenter/ und sonderlich die jenigen/ worinnen die besten Sachen verwahret seyn mögen/ versiegelt/ oder sonst in guter Sicherheit gebracht werden.

8.

So daß nun lauter unmündige Kinder in einem solchen Hause übrig/ soll das gantze Consortium verbunden seyn zu sorgen/ wie bey künfftigen besseren Zeiten Ihnen gewissenhaffte Vormünder mögen bestättiget werden/ bey währender gefährlichen Zeit aber sollen sie die Sorgfalt auff sich behalten/ und eben wie zuvor/ und bey lebzeiten der Eltern geschehen/ auff dero Notturfft in alimenten und Artzeney haben/ darmit zeitwährender Seuche/ und biß zu ihrer reconvalescentz keine Entsiegelung oder öffnung der Verlassenschafft geschehen dürffte.

9.

Im fall Unmündige übrig/ die ihre Notturfft mit dem bemelten Signo nicht könten zu verstehen geben/ soll vom Inspectore den Wärterinnen absonderlich eingebunden werden/ daß sie sich treu und fleissig gegen die armen Kinder verhalten/ und daß sie nicht allein gute Belohnung/ sondern auch wo sie die Kinder auffbringen würdē/ von eines jeden Kindes Antheil eine

eine besondere hertzliche Verehrung sollen zu gewarten haben/ wo aber eintzige Untreu oder Unfleiß von ihnen würde verspüret werden/ so würde das gantze Collegium solches legitimè vindiciren.

10. Was die Herrn Consortes deßfalls ausgeleget/ sollen sie hernach bey den Erbtheilungen dem gantzen Collegio zu justificiren geben/ und soll Ihnen solche Auslage/ von der Verlassenschafft vor allen andern Schulden danckbarlich bezahlet werden.

11. Dieweil aber die anfallende Seuche weit umb sich zu greiffen pfleget/ wird nöhtig seyn/ daß man auch andere Leute vermahne/ dergleichen Consortia unter sich zu machen/ darmit im fall die Anzahl der Patienten solte/ wann nicht nur eintzele Persohnen/ weiter einnehmen/ sich wol 2. oder 3. Consortia zusammen schliessen/ und den Abgang der Verstorbenen ersetzen können.

12. Wann auch eines und das andere unter die Herrn Consortes weiter zu bestellen fürfället/ damit nicht viel Conventus, welche bey diesen Zeiten auch beschwerlich und gefährlich/ dürffen gehalten werdē/ soll der jenige/ der die Inspectiō hat/ eine missive durch den angenommenen Mann herumb schicken/ auch ein jeder darin seine Meynung verzeichnen/ auf daß auch ein jeder unter diesem Consortio, wenn aus Verhängniß des Höchsten Er oder die Seinigen von der schädlichen Seuche überfallen werden/ so viel den Leib betrifft/ mit höchst nöhtiger Cur versorget seyn und werden möge. So verpflichtet sich

13. Herr

13. Herr Doct. N. N. mit eigenhändiger Unterschrifft/ daß er zu allen und jeden Zeiten/ und wen es sonderlich die Noth erfodert/ einen jeden derer Consorten und denen Seinigen auf Begehren/ fleissig und unverdrossen auffzuwarten/ Sie zu besuchen/ Ihnen mit gutem Rath vorzustehen/ und die Medicamenta nach Notdurfft zu verschreiben/ und die Belohnung von jedem der Gebühr und Billigkeit nach zu erwarten schuldig seyn wil/ hergegen aber/ und zu danckbarer Gegenbezeigung/ soll er mit vorher verschriebenen præstandis gäntzlichen verschonet werden/ die übrigen Consortes sambt und sonders aber/ dieselbe ingesambt zu punctiren/ verbunden bleiben/ und auch so willig als schuldig seyn.

14. Diese Verbindung nun soll so vielmahl abgeschrieben werden/ als interessirende Personen seynd/ damit ein jeder die Seinigen zur Nachricht solche aufheben und verwahren könne/ auff daß auff begebende Todesfälle/ Sie wissen können/ wo sie sich weiter Rahts zu erholen.

Diesen nun in allen treulich und in wahrer Gottesfurcht nach zu leben/ und daß ein jedweder so wohl von den andern/ dessen Kinder und die Seinigen/ als vor sich und die Seinigen wolte Sorge tragen/ bey Vermeydung Gottes ernster Straffe/ da einer des andern Erben verfortheilen würde/ haben sich folgende Persohnen wohlbedächtig unterschrieben.

Datum Leipzig Anno 1680. den 7 Sept.